Migrazioni e educazione

La circolazione delle competenze:

una sfida per lo sviluppo

Migrazioni e educazione

La circolazione delle competenze:

una sfida per lo sviluppo

Stefania Gandolfi / Alessandro Monsutti (a cura di)

Globethics.net Paideia No. 3

Globethics.net Paideia Series

Series editor: Prof. Dr Obiora Ike, Executive Director of Globethics.net in Geneva and Professor of Ethics at the Godfrey Okoye University Enugu/Nigeria.
Series Editor: Prof. Dr Stefania Gandolfi, Professore di pedagogia dei diritti dell'uomo. Presidente della Fondazione Vittorino Chizzolini, Bergamo/Italy.

Globethics.net Paideia Series No. 3
Stefania Gandolfi / Alessandro Monsutti (a cura di), *Migrazioni e educazione La circolazione delle competenze: una sfida per lo sviluppo*

Geneva: Globethics.net, October 2021
ISBN 978-2-88931-426-3 (online version)
ISBN 978-2-88931-427-0 (print version)
© 2021 Globethics.net

Managing Editor: Ignace Haaz
Assistant Editor: Jakob William Bühlmann Quero

Globethics.net International Secretariat
150 route de Ferney
1211 Geneva 2, Switzerland
Website: *www.globethics.net/publications*
Email: *publications@globethics.net*

All web links in this text have been verified as of October 2021.

INDICE

INTRODUZIONE

Stefania Gandolfi

La ricerca «*Migrazioni e educazione. La circolazione delle competenze: una sfida per lo sviluppo*» è la continuazione o meglio l'applicazione della precedente ricerca *Diaspore e democrazie* realizzata nel 2016 in collaborazione con la Cattedra Unesco dell'Università di Bergamo.

La ricerca parte da una prospettiva politica ossia dalla necessità di costruire un progetto di società inclusiva che rafforzi la capacità di vivere insieme, di fare tessuto, di creare legami che includano tutte le persone nel rispetto delle diversità culturali e degli apporti delle competenze, delle culture e delle lingue di ciascuno, risorse e saperi da cui partire per costruire una società democratica.

I diritti culturali fanno da sfondo e costituiscono la *pietra angolare*[1] che lega fra loro unità e diversità. Essi permettono inoltre di tessere insieme diritti e libertà nelle loro diverse dimensioni e di mostrare a tutti i livelli le responsabilità personali da assumere nel quotidiano. Ogni diritto è un vettore di sviluppo personale e sociale, un *conduttore di capacità*[2] di autonomia e di relazione così come ogni diritto assicura libertà e responsabilità a tutti gli attori della democrazia. Le persone e le comunità diventano in questo modo dei *moltiplicatori di libertà* e di

---

[1] Borghi, M., Meyer-Bisch, P., *La pierre angulaire*, Éditions Universitaires Fribourg (Suisse), 2001.

[2] Sen, A. *Un nouveau model économique. Développement, justice et liberté*, Jacob, 2000, p. 57.

potenzialità che si completano e si sviluppano per raggiungere un equilibrio dinamico in cui libertà civili, sociali, economiche e culturali si regolano reciprocamente; in questo modo le persone diventano *costruttori di società* capaci di *regolare*, nel quadro democratico, l'etica con la politica.

Ciò è possibile a condizione che si riconosca ogni persona, indipendentemente dall'origine e provenienza, come soggetto di sovranità e come attore capace di tessere un legame politico nella società conferendole una dimensione di libertà e di cittadinanza che allargano le frontiere dello spazio nazionale ogni volta che è in gioco il bene comune.

Attualmente le forme più gravi e più evidenti di disintegrazione sociale sono quelle che decompongono la personalità dell'uomo, gli impediscono di legare il suo passato al suo futuro, la sua storia personale alla storia collettiva, di essere appunto soggetto della propria vita, capace di gestire i cambiamenti, di combinare l'universale con il particolare, la razionalizzazione burocratica con la soggettività.

E' contro queste forme che il progetto politico di una società democratica deve combattere, partendo sempre dal presupposto che nelle società moderne il soggetto si afferma in due modi complementari e opposti. Da un lato egli «è *libertà*, l'opposto di determinismi sociali e creazione personale e collettiva della società; dall'altro è *resistenza* dell'essere naturale e culturale al potere che dirige la razionalizzazione. Egli è individualità, famiglia e gruppo sociale, memoria nazionale o culturale, appartenenza religiosa, morale o etnica»[3].

La migrazione delle diaspore è una migrazione fatta di competenze, di legami sociali, di resilienza, di adattamento, di capacità imprenditoriale che genera economia ed integrazione che si manifestano attraverso progetti specifici e realizzazioni concrete. E' un continuo *imparare ad imparare* con attraversamenti di luoghi, di situazioni, di

---

[3] Touraine, A., *Qu'est-ce que la démocratie ?*, Fayard, Paris, 1994, p. 198.

contesti, di difficoltà, di intrecci di storie spezzate dall'incrocio di vari confini culturali e dei propri confini intimi. Le competenze "proteggono" le persone in quanto è la conoscenza che diventa forza e libertà e rende capace la persona di aderire ad alcuni valori, di vivere con gli altri, di cooperare, di assumersi delle responsabilità per un progetto di vita autonomo.

Il gruppo di ricerca, composto da persone che già lavorano da tempo con i migranti presenti nel tessuto bergamasco, è stato guidato dal prof. Alessandro Monsutti, antropologo dell'IHUED (Graduate Institute of International and Development Studies) e dal prof. Patrice Meyer-Bisch, dell'Osservatorio delle Diversità e dei diritti culturali dell'Università di Friburgo, soprattutto per l'approfondimento dei concetti di competenza e di diritti culturali.

La ricerca è partita con questi obiettivi:

- analisi delle competenze delle persone in diaspora nella provincia di Bergamo;
- osservazione delle competenze nell'esercizio della cittadinanza;
- valorizzazione e utilizzo delle competenze come motore di sviluppo e di cooperazione internazionale

Dagli obiettivi si è passati alla Domanda di ricerca così formulata: La circolazione delle competenze delle persone in diaspora rappresenta una sfida dello sviluppo in quanto ogni *attore è una rete di connessioni* nel paese di origine e *costituisce una diaspora di conoscenza* nel paese di accoglienza cambiando lo schema delle asimmetrie Nord-Sud/ fuga dei cervelli con un nuovo paradigma che rovescia le politiche migratorie e della cooperazione internazionale.

Tre le ipotesi della ricerca

1. le competenze, la flessibilità e la resilienza delle persone in diaspora non si configurano come *diaspora di saperi e* sono riconosciute e valorizzate per lo più a livello personale;
2. le competenze delle diaspore hanno poca visibilità e poca rappresentatività nel contesto culturale, sociale e produttivo bergamasco;
3. le diaspore non hanno ancora raggiunto un'autonomia che dà senso alla circolazione dei saperi e delle competenze.

Si è partiti dal *Modello di competenze necessarie per costruire una cultura della democrazia* proposto dal Consiglio d'Europa[4] per poi passare al concetto di *competenza culturale* inteso come «*un funzionamento di più capacità – capabilità che si rafforzano reciprocamente e si declinano a livello individuale e collettivo*» e successivamente di *competenza interculturale* «*E' interculturale una competenza che attraversa le frontiere fra i diversi saperi. Nelle frontiere appaiono le specificità di ogni sapere con i loro contrasti*»[5], approfonditi entrambi dal prof. Meyer-Bisch nei due seminari di Friburgo, che hanno guidato la ricerca.

Questi due seminari residenziali a Friburgo sono state occasioni preziose di approfondimento culturale arricchite dal confronto interattivo con due gruppi di ricerca paralleli operanti a Friburgo e a Ginevra. Capacità e competenza sono concetti che rimandano direttamente ai diritti culturali e in particolare ai diritti all'identità e alla dignità che presuppongono la capacità, la libertà e la responsabilità di potersi esprimere, di scegliere e di condividere un progetto.

---

[4] Conseil de l'Europe, Compétences pour une culture de la démocratie. Vivre ensemble sur un pied d'égalité dans des sociétés démocratiques et culturellement diverses, Strasbourg, 2016.

[5] Meyer-Bisch, P., *Les diasporas : une chance pour vivre les compétences interculturelles,* Fiche de travail pour les ateliers des 16-17 octobre 2020.

Tre sono stati i momenti della ricerca che hanno guidato l'osservazione, l'analisi e l'articolazione delle competenze:

- le interviste a persone singole,
- l'osservazione dei luoghi
- le interviste al personale dei servizi

Le interviste a persone in diaspora, di diversa provenienza e nazionalità e con una storia di migrazione diversa, sono state molto ricche, segnate da esperienze vive che hanno sempre coniugato le difficoltà della situazione contingente con la necessità di avere legami con persone vicine, amiche, spesso connazionali, quasi a dimostrare che l'esperienza migratoria, pur avendo tempi personali e biografici, si costruisce in continua interazione con gli altri ; è proprio questa interazione che arricchisce, stempera e alleggerisce la fatica del quotidiano.

Spesso intervallate da pause e da silenzi le interviste hanno lasciato trasparire esperienze dolorose, difficilmente esplicitabili, attraversate da vissuti profondi che hanno detto le difficoltà e al tempo stesso la resilienza nel doversi sempre adattare ad un contesto che cambia ed esige nuove ripartenze soprattutto rispetto al lavoro.

Per tutti è stato difficile esprimere valori, vissuti, bisogni ed aspettative che emergono dall'implicito per riallacciare storie e riconnettere identità frammentate e traumatizzate.

Con le interviste si è toccato con mano che l'assenza e la distanza sono le componenti strutturali dell'organizzazione sociale delle famiglie migranti. Ci si è resi conto che pensare la mobilità è pensare anche l'immobilità, nel senso che non si può pensare la migrazione solo legata a ciò che si muove ma anche a ciò che cambia, che circola che si riproduce e che è permanente.

In altri termini una migrazione deve essere analizzata anche dal punto di vista della sedentarietà nei paesi di accoglienza soprattutto nel momento in cui ci si trova ad occupare posti di lavoro nel sistema produttivo. E' qui che la sedentarietà diventa sofferta perchè mette in risalto la distanza sociale e culturale che obbliga un lavoratore ad adattare le conoscenze ai ritmi e alle esigenze del lavoro industriale.

Dalle interviste si è passati all'osservazione di alcuni luoghi pubblici, istituzionali, per osservare direttamente come le competenze delle persone venivano considerate, valorizzate e spese e come potevano diventare strumenti utili per interagire da cittadini e in autonomia con le istituzioni superando spesso difficoltà burocratiche, tempi cronologici e spazi a volte difficilmente accessibili.

Osservare i luoghi significa interrogare l'ambiente, gli oggetti, gli spazi, i movimenti, vedere le interazioni fra le persone, il clima che si respira, la vita sociale che sviluppano. I luoghi costituiscono un fulcro importante per focalizzare lo sviluppo delle capacità sociali e delle competenze relazionali e sono stati uno dei nodi centrali di questa ricerca. Una capacità non è da intendersi come proprietà individuale ma come prodotto di un incontro con gli altri.

L'ultimo segmento della ricerca ha comportato le interviste al personale degli uffici. Un passaggio molto significativo per riuscire a cogliere attitudini e atteggiamenti che il personale manifesta nei confronti delle persone in diaspora. Due gli aspetti indagati dalla ricerca in questo segmento: da un lato si è osservato se e come il personale dei servizi riconosce le competenze dei migranti e, dall'altro, quali competenze e strategie specifiche gli uffici hanno e mettono in gioco nei rapporti con i cittadini in diaspora.

Si può sicuramente affermare che questa ricerca, anche se non esaustiva, è un lavoro molto prezioso perché ha saputo intrecciare l'approfondimento culturale con l'aspetto esperienziale ricco di connotazioni significative.

Certamente le ipotesi che hanno guidato il lavoro di ricerca sono state convalidate e per più di un motivo. Innanzitutto perché le interviste hanno permesso di cogliere delle importanti capacità di adattamento dei migranti in diaspora, oltre alle competenze culturali e linguistiche utilizzate per lo più a livello individuale, che però non hanno ancora creato un tessuto e uno scambio né fra i vari membri della diaspora e neppure con il contesto di accoglienza bergamasco. E questo ha costituito un freno sia alla circolazione dei saperi che all'arricchimento culturale di cui la diaspora è portatrice. E' questo un passaggio importante da realizzare perché conferisce un nuovo volto alla società, frutto della tessitura di legami culturali e sociali, una società in cui si deve imparare una capacità di azione e di lotta contro le discriminazioni per partire dalla valorizzazione delle persone e dalle loro riconosciute competenze.

Un secondo motivo è dovuto alla storia stessa della diaspora che nel territorio bergamasco non ha ancora acquisito una significativa visibilità. Quando le diaspore acquisiscono visibilità si assiste alla nascita di una nuova cultura, sintesi di diversi modelli culturali, che si innesta sul modello culturale esistente iscrivendosi nella storia, modificandola e arricchendola. La lingua, la resilienza, la capacità di relazioni interpersonali, di negoziazioni, il rispetto di sè e la dignità sono fattori che influenzano culturalmente una società. In questo modo l'autonomia delle diaspore, la loro libertà di scelta e d'azione, di scambio, di fare rete, di allearsi cambia il profilo di una intera società e ci aiutano a valorizzare le matrici sociali, culturali e religiose delle popolazioni, a capire emozioni e aspirazioni di coloro che sono spesso in situazioni di ineguaglianza.

Un grazie riconoscente ai professori Monsutti e Meyer-Bisch per la loro professionalità e l'accompagnamento di questo lavoro e a tutto il gruppo di ricerca per la passione e l'impegno generosamente profusi.

1

LA MIGRAZIONE COME PRINCIPIO DI VITA: DALLA TEORIA ALLA PRATICA

Alessandro Monsutti

1.1 Le migrazioni: una realtà sociale dibattuta

La questione della migrazione occupa i dibattiti pubblici in Europa occidentale e in Nord America. In Italia, paese che nel XIX° e XX° secolo ha visto una parte della sua popolazione partire alla ricerca di migliori condizioni di vita, i movimenti di popolazione che segnano i primi decenni del XXI° secolo suscitano prese di posizione polarizzate che non permettono un dibattito pubblico sufficientemente sereno per favorire la ricerca di soluzioni sociali, politiche e economiche. Le migrazioni, prima di essere viste come negative o positive per le persone in movimento così come per le società di accoglienza, vanno collocate in prospettive causali di lungo termine. Le migrazioni non sono un'anomalia, hanno accompagnato la storia umana, anzi l'hanno strutturata fin dai suoi inizi. La modernità politica, spesso ricondotta alla Pace di Vestfalia nel 1648 che pose fine alla Guerra dei Trent'anni, si fonda sulla triade stato, nazione/popolazione e territorio. Per molti versi, sembra essere uno sviluppo recente quando messe a confronto con le circolazioni che hanno collegato luoghi lontani del globo da quando l'uomo si è fatto uomo[6]. In termini teorici e pratici, politici e morali, propongo qui di considerare la migrazione come un principio di vita sociale, passato, presente e futuro.

1.2 Oltre le tipologie: nuovi approcci alla migrazione

Nonostante il declino dei principali sistemi esplicativi che sono stati il funzionalismo, lo strutturalismo e il marxismo, i dibattiti concettuali in antropologia rimangono intensi. Molti autori sentono un profondo disagio per l'oggetto e i metodi della loro disciplina. È in questo clima di profusione intellettuale, ricco ma disordinato, che l'interesse teorico per lo studio del fenomeno migratorio è cresciuto notevolmente. Questo tema si articola con quelli del transnazionalismo e della globalizzazione e ha implicazioni generali per l'antropologia e tutte le scienze umane e sociali; il più delle volte da autori nordamericani che adottano la prospettiva critica dell'antropologia postmoderna, una riflessione epistemologica sviluppata a partire dagli anni '80. Gli antropologi hanno a lungo ritenuto che il loro oggetto consistesse in gruppi territorializzati, culturalmente e linguisticamente omogenei. I migranti sono venuti a disturbare questa rappresentazione.

Gli approcci alla migrazione sono spesso divisi tra macroteorie e microteorie. Le macroteorie adottano spiegazioni esaurienti per sottolineare le condizioni strutturali della natura demografica ed economica della migrazione nel contesto del capitalismo globale. Le microteorie sono interessate alle scelte razionali che gli individui fanno in un mondo in cui le probabilità non sono distribuite uniformemente[7].

---

[6] Bayart, Jean-François, *Le gouvernement du monde: Une critique politique de la globalisation*, Paris: Fayart, 2004.

[7] Massey, Douglas S., Joaquin Arango, Graeme Hugo, Ali Kouaouci, Adela Pellegrino and J. Edward Taylor, "Theories of International Migration: A Review and Appraisal." *Population and Development Review* 19(3), 1993, pp. 431-466.

Questi approcci hanno una pretesa predittiva e sono segnati da una visione bipolare: oppongono i paesi che inviano e quelli che ricevono i migranti, i fattori *push*, che motivano la partenza dal paese di origine, e *pull*, che attraggono il migrante verso il possibile paese ospitante. Le migrazioni sono spiegate da due tipi di cause in gran parte considerate disgiunte, politiche (conflitti armati e violenza) e economiche (l'attrazione esercitata dai mercati del lavoro dei paesi ricchi o delle aree urbane), distinzione che si sovrappone a quella tra migrazioni forzate e volontarie. Kunz e du Toit[8] – come tanti altri – considerano in particolare che una teoria generale della migrazione implica una tipologia. Du Toit, per esempio, cerca di modellare diversi aspetti della migrazione e distingue tra migranti stagionali, rifugiati, trasferimenti programmati, migrazioni volontarie.

In contrasto, certi autori propongono un approccio rinnovato sulle relazioni tra gruppi sociali, culture e territori inserendoli nel quadro del transnazionalismo e della globalizzazione. Altri, senza negare la specificità dei rifugiati e richiedenti asilo in termini legali, ne minimizzano le difficoltà che devono affrontare, si ispirano a considerazioni metodologiche e teoriche del campo delle migrazioni economiche. In effetti, i rifugiati non sono semplici vittime di un destino opprimente; sanno usare le proprie risorse culturali per adattarsi alle circostanze drammatiche; sviluppano una serie di strategie sociali simili a quelli dei migranti economici; poi un individuo può appartenere a più categorie contemporaneamente o passare da una all'altra durante la sua esistenza. In molti casi, la dispersione spaziale è una strategia di sopravvivenza che permette di sfruttare diverse nicchie

---

[8] Kunz, Egon F. "The Refugee in Flight: Kinetic Models and Forms of Displacement." *International Migration Review* 7(2), 1973, pp. 125-146; e "Exile and Resettlement: Refugee Theory". *International Migration Review* 15(1), 1981, pp. 42-51. Brian M. du Toit, "People on the Move: Rural-urban Migration with Special Reference to the Third World: Theoretical and Empirical Perspectives." *Human Organization* 49(4), 1990, pp. 305-319.

socioeconomiche. La migrazione non è il semplice passaggio da un luogo all'altro, ma uno spostamento multidirezionale – a volte circolare – che modifica, da una parte, i luoghi di origine, transito e destinazione e, d'altra parte, le relazioni sociali[9]. Si tratta quindi di un fenomeno complesso che comprende molto più di una fuga davanti alla povertà e alla violenza o di un'attrazione per terre prospere. La progettazione di un trasloco permanente o di un trasloco irreversibile non riflette la realtà sociale, perché i fenomeni migratori osservabili oggi sono – per la maggior parte – bidirezionali o circolari.

Gli studi transnazionali sembrano più fruttuosi dell'approccio tipologico, perché tengono conto della ricchezza e variabilità delle diverse situazioni. Vanno oltre il ristretto quadro di Stati nazione e presumono che i migranti mantengano legami sociali con il loro paese di origine. Non si è più interessati solo ai processi di adattamento e riorganizzazione dell'identità dei migranti, ma anche, e soprattutto, alle molteplici relazioni sociali che si sviluppano in ogni luogo e tra siti distanti. Questo si va oltre l'idea che i migranti si spostano da uno posto ad un altro e da una cultura all'altra, la loro integrazione poò avere più o meno successo alla fine di questo processo a senso unico.

L'esempio dei Caraibi[10], mostra che la globalizzazione è fatta di movimenti periodici. Ricordiamo che nel diciannovesimo secolo, circa un centinaio di milioni di persone sono emigrate. Circa la metà erano europei che si recavano negli Stati Uniti, in Canada, in Argentina, Uruguay, Sud Africa, Nuova Zelanda o Australia, paesi di cui sono diventati cittadini. L'altra metà ha incontrato un destino ben diverso: africani, cinesi o indiani migrarono come forza lavoro dai paesi

---

[9] Monsutti, Alessandro. *Guerres et migrations: réseaux sociaux et stratégies économiques des Hazaras d'Afghanistan*, Neuchâtel: Institut d'ethnologie; Paris: Maison des sciences de l'homme, 2004.

[10] Mintz, Sidney W. "The Localizing of Anthropological Practice: From Area Studies to Transnationalism," *Critique of Anthropology* 18(2), 1998, pp. 117-133.

colonizzati ad altri paesi colonizzati. Questo vasto movimento migratorio rifletteva quindi un equilibrio di potere e una divisione di lavoro al livello internazionale. Certo, la migrazione ha assunto nuove dimensioni e forme nel ventesimo secolo. Ma questo è solo un aspetto di un processo più ampio, iniziato diversi secoli fa. Solo una profonda miopia storica lo può fare dimenticare. In breve, non si deve né sopravvalutare né sottovalutare i cambiamenti che si osservano nel periodo contemporaneo. Forse ciò che lo definisce meglio è la stratificazione di una divisione dello spazio in Stati nazione sovrani e l'esistenza di molteplici flussi che ne attraversano i confini e che sono legati alla generalizzazione del capitalismo postindustriale. Dobbiamo darci i mezzi per capire i fenomeni transnazionali – o semplicemente traslocarli – e andare oltre le concezioni di cultura e società come entità delimitate e territorializzate.

1.3 Dalla teoria al campo

Nei suoi studi sui migranti messicani negli Stati Uniti, Rouse[11] offre una visione concreta di cosa potrebbe essere questa etnografia delle migrazioni e delle popolazioni disperse. Si parte dall'idea che viviamo in una situazione di "capitalismo transnazionale" che offusca l'immagine di un mondo diviso in Stati nazione e in comunità coerenti, così come la divisione tra centro e periferia. Rouse insiste sulla convivenza tra popolazioni di diversa provenienza che ampliano il loro proprio repertorio culturale, e non sul graduale e più o meno doloroso passaggio di un'appartenenza ad un'altra. La migrazione non è solo uno spostamento tra comunità territorialmente e culturalmente separate; è un processo più complesso durante il quale gli individui possono diventare attori sociali a pieno titolo in diverse località. I messicani con cui Rouse

---

[11] Rouse, Roger, "Mexican Migration and the Social Space of Postmodernism," *Diaspora* 1(1), 1991, pp. 8-23.

ha lavorato circolano in uno spazio transnazionale, i diversi luoghi sono collegati dal traffico costante di persone, denaro, beni e informazioni.

> «Infatti, attraverso la continua circolazione di persone, denaro, merci, e informazioni, i vari insediamenti sono diventati così vicini e intrecciati che, in un senso importante, sono arrivati a costituire un'unica comunità distribuita su una varietà di siti, qualcosa che chiamo "circuito migratorio transnazionale". [...] Oggi, è il circuito nel suo insieme piuttosto che un qualsiasi locale che costituisce l'ambientazione principale in relazione alla quale gli Aguilillan orchestrano la loro vite»[12].

Alle nuove forme che il capitalismo ha assunto andando oltre il quadro dei confini nazionali corrispondono i circuiti transnazionali dei lavoratori migranti, che si spostano da un paese all'altro secondo i loro progetti di vita e le possibilità offerte in ogni luogo.

La portata di queste considerazioni metodologiche va oltre lo scopo dello studio delle migrazioni come evidenziato dalla "multi-sited etnography" sostenuta da Marcus. Offre diverse strategie per attuare il suo programma[13]. L'antropologo statunitense propone di seguire e ricostruire la circolazione delle persone, oggetti, metafore (soprattutto nei media), storie e allegorie (come nell'analisi strutturale dei miti condotta da Lévi-Strauss), così come i percorsi di vita e i conflitti. Questo trasferimento della pratica etnografica non è un artificio accademico, ma corrisponde alle condizioni di vita quotidiana di un numero crescente di persone.

Durante il movimento decostruttivista che segnò il regresso del paradigma funzionalista-strutturalista e l'emergenza della critica postmoderna, l'antropologia passò attraverso una profonda riflessione

---

[12] Rouse, *op. cit.*, p. 14.

[13] Marcus, George, "Ethnography in/of the World System: the Emergence of Multi-Sited Ethnography." *Annual Review of Anthropology* 24, 1995, pp. 94-117.

sulla produzione del proprio sapere[14]. Nonostante alcuni eccessi in questa tendenza, non è più possibile condurre uno studio empirico senza esplicitare come è stato ottenuto l'accesso alle informazioni e come è stata negoziata sul campo la presenza del ricercatore. Certo, le scienze sociali non sono finzione. Certo, storici e sociologi non producono romanzi, e nemmeno gli antropologi. Ognuno di noi deve resistere alla tentazione dell'esotismo quando descrive e analizza pratiche sociali passate o presenti; ognuno di noi deve seguire rigorosamente certe regole, adottando un approccio metodologico che protegga dalla deriva soggettivista. Ma riconoscere questa esigenza, che sta alla base del lavoro accademico, non significa cedere a un'illusione positivista in base alla quale il ricercatore scopre una realtà sociale esterna e la trascrive fedelmente in un testo che ne costituisce la rappresentazione inequivocabile. Scrivere non è il semplice atto di buttare sulla carta i risultati della ricerca, rendendo possibile la loro comunicazione; la questione della testualità è al centro dell'epistemologia delle scienze sociali e come tale deve essere teorizzata. Le scienze sociali, a rischio di condannarsi alla noia, devono assumere la loro dimensione letteraria[15]. Un ricercatore che conduce un'indagine sul campo ha sentimenti soggettivi la cui esplicitazione e analisi costituiscono passaggi essenziali nel suo approccio euristico. Allo stesso modo, un autore che cattura l'attenzione dei suoi lettori con il suo stile può trasmettere meglio il suo argomento; senza gergo pesante, le sue descrizioni entrano in dialogo con la letteratura esistente e contengono già un posizionamento teorico. La scrittura è dunque qui concepita come un metodo antropologico e sociologico; non si tratta di trascrivere risultati, ma di assumere un

---

[14] Clifford, James, George E. Marcus, Eds, *Writing Culture: The Poetics and Politics of Ethnography*, Berkeley, Los Angeles, London: University of California Press, 1986.

[15] Jablonka, Ivan, *L'Histoire est une littérature contemporaine: Manifeste pour les sciences sociales*. Paris: Seuil, 2014.

processo creativo dove la dimensione scientifica non è in conflitto con una certa estetica; si tratta di presentare e percepire atmosfere, persone, ambienti, interazioni. Creare emozione nel lettore non è incompatibile – al contrario – con l'esperienza cognitiva.

1.4 Le competenze dei migranti e richiedenti asilo

Per iniziativa di Felice Rizzi e Stefania Gandolfi, animatori della Cattedra UNESCO Diritti Dell'Uomo Ed Etica della Cooperazione Internazionale, Università degli Studi di Bergamo, e poi nell'ambito della Fondazione Vittorino Chizzolini, un gruppo di lavoratori sociali, operatori umanitari e volontari hanno cominciato a riunirsi durante l'inverno 2018-2019. L'obiettivo era di capire meglio le competenze dei migranti e richiedenti asilo presenti a Bergamo per poterli valorizzare presso la popolazione locale e gli enti pubblici.

Ho avuto il privilegio di essere associato a questa iniziativa per suggerire direzioni sull'approccio metodologico e discutere il materiale empirico raccolto sul campo. La mia pedagogia è basata sulla premessa che i ricercatori sul campo non partono alla scoperta di una realtà preesistente, ma piuttosto costruiscono il loro oggetto attraverso il movimento riflessivo, negoziando la loro presenza con le persone che incontrano e intervistano. La filosofia adottata può essere espressa in due parole: Imparare facendo! Il mio, il nostro è stato un manifesto per la ricerca lenta[16]. Il desiderio di ripensare l'oggetto e il metodo dell'antropologia non rende obsolete le classiche tecniche di indagine etnografica, come l'osservazione partecipante e le interviste libere o semi-strutturate. Gli scambi si sono strutturati attorno a tre dimensioni principali: l'osservazione (compresa l'osservazione partecipante, tanto cara agli etnografi); le tecniche di intervista; la presa di appunti e la

---

[16] Allegra, "Academic Slow Food Manifesto", http://allegralaboratory.net/about/, 2013.

redazione del diario di ricerca. Particolare attenzione è stata dedicata alle questioni che riguardano la scrittura, sia nella sua dimensione pratica che teorica, e l'etica.

I partecipanti si sono ispirati alle discussioni condotte in classe per condurre la ricerca di campo a Bergamo. Sono stati sensibilizzati all'importanza di dare uno sguardo riflessivo al loro approccio organizzando il loro lavoro attorno a diversi assi tematici e metodologici: osservazione dei luoghi; negoziazione della presenza sul campo con entrambi i migranti e il personale degli enti pubblici; documentazione della diversità sociale negli spazi pubblici e rapporti tra i vari interlocutori; collegamenti transnazionali dei migranti; ruolo delle lingue nell'indagine etnografica; problemi etici…

Attraverso il loro impegno, i partecipanti alla ricerca hanno dimostrato che l'approccio antropologico non consiste nel guardare un altro esotico e distante, ma è attraversato da un doppio sforzo di familiarizzazione e defamiliarizzazione. Per questi lavoratori sociali, operatori umanitari e volontari, la riflessione congiunta sul loro ingresso in campo è stata un'opportunità concreta per chiarire la loro posizione epistemologica e morale. La ricerca ha informato il loro essere cittadini.

L'intimità tra i ricercatori e i loro interlocutori sul campo è una condizione della produzione di conoscenza qualitativa, ma può essere vissuta come un'intrusione nella vita altrui. Scrivere e descrivere, finalità dell'indagine etnografica, si accompagnano spesso a un senso di colpa legato al furto di frammenti di vita. Rivelare i propri risultati può essere vissuto come un tradimento della fiducia delle persone incontrate durante il proprio lavoro sul campo[17]. Di fronte a persone che confidano le proprie speranze e frustrazioni, i ricercatori prendono coscienza della loro responsabilità etica. Acquisiscono la consapevolezza, più

---

[17] Monsutti, Alessandro, "Il bacio dell'etnografo: tra dono di sé e uso dell'altro sul terreno", in: Antonio De Lauri e Luigi Achilli (a cura), *Pratiche e politiche dell'etnografia*, Roma: Meltemi, 2008, p. 27-45.

intensamente che attraverso la lettura di qualsiasi libro di testo metodologico, della loro posizione, della loro traiettoria sociale e della loro identità, così come vissute da loro e percepite dalle persone che incontrano. È qui che risiede la nostra premessa didattica ed epistemologica: l'indagine etnografica contemporanea non può prescindere dal suo contesto di produzione, né può essere separata da più ampie questioni sociali e politiche[18]. La costruzione dell'oggetto studiato è quindi inseparabile da un viaggio personale e collettivo.

Settimana dopo settimana, i partecipanti si sono riuniti per condividere i loro sentimenti, spiegando i loro disagi, commentando le reciproche esperienze. Così, scoprono che mentre una certa competenza tecnica deve essere padroneggiata, la maggior parte dei problemi metodologici ed etici non possono essere risolti con strumenti predefiniti. Producono in collaborazione il loro oggetto; gli scambi diventano una forma di catarsi, dove le frustrazioni vengono rese esplicite, condivise e analizzate. Affrontare le difficoltà, prima con la parola poi con la scrittura, è liberatorio.

1.5 Itinerari etnografici

Durante la loro formazione, gli etnologi imparano principalmente a porre domande e interpretare le risposte. Tuttavia, una parte importante del loro lavoro è rispondere alle domande che gli informatori chiedono in cambio. È un aspetto essenziale dello scambio che il campo può promuovere. In effetti, una delle ricchezze dell'approccio etnologico consiste nella lealtà nelle relazioni stabilite e nell'emozione come strumento metodologico, come procedura conoscitiva mediante la quale "facciamo" piccoli fatti significativi raccolti quasi a caso. Da piccoli tocchi impressionisti, un etnologo può mostrare, ascoltare e sentire un

---

[18] Fassin, Didier, Alban Bensa, Dir., *Les politiques de l'enquête: Épreuves ethnographiques*. Paris: La Découverte, 2008.

intero piccolo mondo accattivante il cui tragico destino si muove. Egli descrive luoghi e persone, evoca atmosfere, senza negare i suoi dubbi personali e scientifici. In questo modo, l'etnografia è vissuta soprattutto come un'avventura umana, e le difficoltà le più insormontabili che si incontrano sono legate alla gestione dei rapporti umani. Il rapporto tra l'etnologo e il suo interlocutore è infatti ambiguo. Il primo è pagato per entrare in contatto e riscuotere informazioni... Per lui, investirsi personalmente in relazioni è l'unico modo per raccogliere materiale empirico affidabile. È attraverso storie personali e confidenze che approfondisce la sua conoscenza. Una delle ricchezze ma anche delle difficoltà dell'approccio etnografico è dovuta alla lealtà nelle relazioni stabilite, perché il confine tra l'uso intellettuale legittimo di questi contatti e l'indecenza morale è sottile. Solo incontri ripetuti nel tempo permettono di costruire relazioni di qualità che siano una fonte privilegiata di informazioni ed emozioni.

Cosa si impara su Bergamo e sull'Italia dopo aver letto i capitoli riuniti in questo volume? Non si tratta di una semplice raccolta di aneddoti e note impressioniste che non rappresentano altro che le idiosincrasie degli autori, di narrazioni che cercano di fornire una rappresentazione estetica – visiva, olfattiva o sonora – della città. Seguiamo l'invito di Alice Bendotti, Elisa Borboni, Daniel Cabrini, Laura Cicirata, Omar Ndiaye, Dalila Raccagni, Elena Sarzilla e Chiara Visini. A piccoli passi danno vita a luoghi, persone e atmosfere senza tralasciare la loro esigenze intellettuali e i loro dubbi morali. Una delle ricchezze dell'approccio etnografico diventa chiara alla lettura: la lealtà nella relazione e l'emozione non sono ostacoli alla conoscenza ma strumenti euristici preziosi, un metodo di scoperta che permette a piccoli fatti, raccolti quasi a caso, di diventare significativi. Lo stile fluido adottato in questo lavoro collettivo rispecchia le caratteristiche dell'oggetto studiato.

2

INTERVISTE AI SOGGETTI IN DIASPORA

Alice Bendotti, Elisa Borboni, Dalila Raccagni

2.1 Genesi concettuale

La ricerca ha voluto focalizzare le competenze delle persone in diaspora a Bergamo. Si è partiti dalla domanda di ricerca così formulata:

La circolazione delle competenze delle persone in diaspora rappresenta una sfida dello sviluppo in quanto ogni attore è una rete di connessioni nel paese di origine e costituisce una diaspora di conoscenza nel paese di accoglienza cambiando lo schema delle asimmetrie Nord-Sud / fuga dei cervelli con un nuovo paradigma che rovescia le politiche migratorie e della cooperazione internazionale.

In questo capitolo si illustra quanto emerso durante la prima fase del lavoro nel quale il gruppo di ricerca, composto da giovani laureati che lavorano nell'ambito delle migrazioni e dell'educazione interculturale e coordinato dai professori Alessandro Monsutti, Patrice Meyer-Bisch, Felice Rizzi e Stefania Gandolfi, ha intervistato alcune persone in diaspora presenti in città.

Si inizia con una parte dedicata alla focalizzazione concettuale del lavoro di ricerca a cui segue un approfondimento del concetto di competenza descritto dal Consiglio d'Europa (COE) che si articola in quattro dimensioni: valori, comportamenti, attitudini, conoscenza e comprensione critica.

Si prosegue con un'analisi dettagliata del passaggio dal concetto di competenza illustrata nel modello del COE al concetto di competenza culturale per poi giungere al concetto di competenza interculturale elaborati in due convegni residenziali a Friburgo con il professor Patrice Meyer-Bisch.

Nel secondo e terzo paragrafo si espongono i risultati concreti estrapolati dalle interviste ai soggetti, con una particolare attenzione all'osservazione "di campo". Il primo capitolo si conclude con un commento alle interviste secondo la chiave di lettura dei diritti culturali contenuti nella Dichiarazione di Friburgo, pietra miliare del lavoro di ricerca elaborata nel 2007, dall'Istituto Interdisciplinare di Etica e dei Diritti dell'Uomo dell'Università di Friburgo, (in allegato).

L'approccio per competenze è un tema complesso e prioritario tanto da diventare oggetto costante nelle agende della maggior parte delle Organizzazioni internazionali, prima tra tutte l'Organizzazione Internazionale delle Migrazioni (OIM) che ritenendo le migrazioni uno strumento prezioso di dialogo tra Paesi, considera i migranti gli attori di questa dinamica; in questo modo i migranti divengono veicolo di sviluppo sia per il Paese d'origine che per quello d'accoglienza. Si decide di analizzare questo tema, in continuità con quanto emerso durante la ricerca precedente sfociata nella pubblicazione del libro: *Diaspore e democrazie*[19]. Da questo lavoro emergeva infatti che: *Tutti i diritti dell'uomo, tra loro interconnessi, sono fattori di sviluppo poiché rafforzano la libertà e la responsabilità.*

Come accennava Monsutti in uno dei seminari a Bergamo, la migrazione è un atto politico. Le migrazioni per loro natura

---

[19] Gandolfi, Stefania (a cura di), *Diaspore e democrazie. Le diaspore sono portatrici di valori*, Globethics.net, Ginevra, 2018.

rappresentano già una scelta politica. Una persona che, indipendentemente dalle cause specifiche, decide di spostarsi per migliorare la propria condizione di vita rappresenta di per sé la capacità di una scelta, una responsabilità. È già un soggetto che esercita un diritto; esercita la libertà di scegliere dove vivere la propria vita.

Tuttavia, ciò su cui il gruppo di ricerca ha voluto porre l'attenzione riguarda la fase successiva ovvero quando il migrante inizia ad interagire con il Paese di destinazione; sono scaturite quindi le tre ipotesi seguenti:

1. *le competenze, la flessibilità e la resilienza delle persone in diaspora non si configurano come diaspora di saperi e sono riconosciute e valorizzate per lo più a livello personale;*

2. *le competenze delle diaspore hanno poca visibilità e poca rappresentatività nel contesto culturale, sociale e produttivo bergamasco;*

3. *le diaspore non hanno ancora raggiunto un'autonomia che dà senso alla circolazione dei saperi e delle competenze.*

È un tema complesso perché i diritti dell'uomo non vanno divisi in generazioni o in categorie ma vanno considerati utilizzando un approccio sistemico in base al quale tutti i diritti sono interconnessi ed influiscono gli uni sugli altri. I diritti culturali, in particolare, sono alla base della realizzazione del principio di uguaglianza e costituiscono la chiave del buon funzionamento delle nostre democrazie. In effetti se si riflette sulla loro portata e sulle loro implicazioni senza la realizzazione dei diritti culturali non esiste uguaglianza: cosa significa il diritto alla libertà di espressione per tutti se alcuni non possono parlare la loro lingua? E, ancora, cosa significa diritto all'educazione e alla libertà di insegnamento per tutti se si viene assimilati dalla cultura dominante? I diritti culturali si rispettano se c'è riconoscimento, se la persona si sente libera di scegliere i propri riferimenti culturali, in quanto sono dei diritti-libertà ossia essi permettono di accedere alle libertà fondamentali quali la libertà di coscienza, di opinione, di espressione, di creazione, di comunicazione. Essi sono sì diritti individuali ma, al tempo stesso anche collettivi in quanto esercitati dalla "persona sola o in comune" e ciò significa che il loro esercizio apre alla comunità e comporta la sua valorizzazione e il suo rispetto.

Se consideriamo infatti la definizione di «"identità culturale" come l'insieme dei riferimenti culturali con cui una persona, sola o in comune, si definisce, si costituisce, comunica e vuole essere riconosciuta nella sua dignità»[20], allora ci risulta chiaro che una persona è, esiste, esprime la sua identità attraverso la propria cultura.

È impensabile ipotizzare che una persona che ha perso i suoi riferimenti culturali o che non li vede rispettati, possa svolgere un ruolo attivo nell'esercizio degli altri suoi diritti e doveri.

E. Levinas nel suo libro *Totalità e Infinito* sostiene che ogni uomo ha delle responsabilità rispetto ai propri diritti e ai diritti altrui (art. 29 Dichiarazione Universale Diritti dell'uomo -DUDH). I diritti dell'uomo appartengono a tutti. Non spetta solo agli Stati tutelarli; il ruolo dello Stato è quello di garantire l'ordine di diritto necessario, uguale per tutti, ma ciascuno deve sentirsi quotidianamente debitore dei diritti altrui[21].

Risulta chiaro allora che il riconoscimento delle competenze e dei diritti culturali interessa tutta la collettività che, senza questa condizione, si troverebbe ad avere cittadini meno propensi alla partecipazione democratica.

Nel concreto, *se io non mi sento libero e rispettato nel mio modo di esistere (culturalmente parlando) come posso esercitare i miei diritti? Se le mie competenze non sono riconosciute in quanto non vengono proprio notate, soprattutto quelle interculturali, come posso sentirmi valorizzato nell'assetto societario?*

---

[20] Dichiarazione dei diritti culturali, Istituto interdisciplinare di etica e dei diritti culturali, Università di Friburgo, art. 2.b.

[21] Levinas, E. *Totalità e infinito: saggio sull'esteriorità*, Jaka, Milano 1986.

Quanto detto è importante per capire le variabili che intersecano le ipotesi e che hanno attraversato le fasi della ricerca che, come si dimostra nei successivi capitoli, vuole sottolineare anche come dalla mancanza di rispetto e di legittimazione delle competenze, possano scaturire violazioni di diritto. Prendiamo come esempio la prima ipotesi: al fine di confermarla o confutarla, si devono tenere presenti le differenti dinamiche che entrano in gioco e che tra loro sono interconnesse: occorrerà partire dal concetto di capacità, di competenza culturale e interculturale leggendo tutto attraverso l'approccio dei diritti umani e, nel dettaglio, dei diritti culturali contenuti nella Dichiarazione di Friburgo. Lontano dal pensare di fornire un quadro completo, il lavoro di ricerca mira, da un lato, a presentare la situazione nella città di Bergamo rispetto al riconoscimento delle competenze delle persone in diaspora e, dall'altro, a fornire strumenti concettuali per un approccio che rispetti l'altro in tutti i contesti sociali.

La competenza secondo il modello del Consiglio d'Europa (COE)

In questo capitolo, prima di entrare nel vivo rispetto a quanto osservato durante gli anni, si è ritenuto necessario illustrare alcuni degli strumenti e concetti teorici, divenuti poi pilastri dell'intera ricerca.

Si è partiti dal concetto di competenza elaborato nel documento *Competenze necessarie per costruire una cultura della democrazia* proposto dal Consiglio d'Europa nel quale la competenza è definita come «*la capacità di mobilitare e di utilizzare dei valori, dei comportamenti, delle attitudini e delle conoscenze e/o una comprensione pertinente al fine di reagire in modo efficace e appropriato alle esigenze, alle sfide e alle possibilità che un contesto dato presenta*»[22].

---

[22] Trad. it, Conseil de l'Europe, *Compétences pour une culture de la démocratie. Vivre ensemble sur un pied d'égalité dans des sociétés démocratiques et culturellement diverses*, Strasbourg, 2016, p. 6.

Si è poi passati al concetto di competenza culturale inteso come «un *funzionamento di più capacità – capabilità che si rafforzano reciprocamente e si declinano a livello individuale e collettivo»* e successivamente di competenza interculturale. «*È interculturale una competenza che attraversa le frontiere fra i diversi saperi. Nelle frontiere appaiono le specificità di ogni sapere con i loro contrasti»*[23], approfonditi entrambi dal prof. Meyer-Bisch nei due seminari di Friburgo, che hanno guidato la ricerca.

Il gruppo di ricerca ha usato come punto di partenza concettuale il modello del Consiglio d'Europa per comprendere se e come le competenze delle persone in diaspora possano essere uno strumento di sviluppo personale nella e per la società di accoglienza, quella di Bergamo, già caratterizzata da anni da una popolazione culturalmente eterogenea.

Il concetto di competenza diventa fondamentale all'interno della diaspora: la questione non è solamente capire se le persone migranti utilizzino le competenze di cui sono portatrici nella società di accoglienza ma anche se quest'ultima è in grado di identificare e di valorizzare le loro competenze e farne un uso appropriato al fine di arricchire il tessuto sociale, economico e culturale della stessa.

Il modello del COE presenta la competenza come un processo dinamico, perché si tratta di selezionare, attivare, organizzare e coordinare le risorse psicologiche indicate con un comportamento che consenta di adattarsi in modo efficiente ed efficace ad una situazione precisa. Questo adattamento comporta il monitoraggio costante dei risultati del comportamento e della situazione in questione. In altre parole, una persona competente mobilita e utilizza dinamicamente un insieme di risorse di fronte a situazioni nuove e impreviste.

---

[23] Trad. it, P. Meyer-Bisch, *Les diasporas: une chance pour vivre les compétences interculturelles,* Fiche de travail pour les ateliers des 16-17 octobre 2020.

Secondo il modello del COE, le competenze essenziali per l'adozione di comportamenti adeguati ed efficaci in contesti democratici e interculturali sono così descritte[24]:

---

[24] Trad. it, Consiglio d'Europa, *Compétences pour une culture de la démocratie. Vivre ensemble sur un pied d'égalité, dans des sociétés démocratiques et culturellement diverses.* Strasburgo, 2016, p. 21.

Con questo modello di competenza[25], il COE vuole sottolineare che un cittadino può essere attore nel costruire una cultura della democrazia se è una persona che mette in atto comportamenti, atteggiamenti, valori e conoscenze e quindi si dimostra una persona competente. Ma questo non è l'unico elemento necessario.

Per poter partecipare efficacemente ai processi democratici, sono fondamentali, in primo luogo, una cultura della democrazia che richiede cittadini competenti, strutture e procedure politiche e legali adeguate a promuovere l'esercizio di queste competenze. Infatti, le strutture e le procedure istituzionali, e le possibilità di partecipazione attiva possono facilitare o ostacolare in modo significativo le potenziali iniziative democratiche e interculturali dei cittadini. In secondo luogo, le possibilità per l'attività e la partecipazione dei cittadini sono limitate se ci sono pochi luoghi istituzionali o organi consultivi per permettere ai cittadini di esprimere le loro opinioni ai responsabili politici e ai decisori.

Le persone in diaspora possono essere definite competenti in quanto portatrici di una propria identità culturale, nell'accezione definita sopra e in quanto, il fatto di migrare comporta che il soggetto eserciti un diritto, una libertà e una responsabilità. I migranti rielaborano la propria identità culturale, lasciando il contesto di appartenenza, riferimenti personali, gruppali, sociali e culturali per recarsi in un nuovo contesto affrontando una nuova situazione. Questo movimento richiede competenze che vanno utilizzate e messe a disposizione di un'intera società.

Quindi esiste la competenza e il suo riconoscimento se esistono libertà e responsabilità. Esiste competenza se vi è possibilità di esercizio di una capacità e di un diritto e se si mettono in atto politiche da parte

---

[25] In allegato tabella di approfondimento valori, atteggiamenti, comportamenti e conoscenze. Trad. it, Consiglio d'Europa, *Compétences pour une culture de la démocratie*, da pag.14 a pag. 16.

delle istituzioni per la partecipazione attiva allo sviluppo della società di accoglienza.

Dal concetto di competenza a quello di competenza culturale e interculturale

Questa riflessione ha portato il gruppo di ricerca ad approfondire il legame tra il concetto di competenza proposto dal COE e i diritti culturali poiché una persona esiste ed esercita quindi le sue competenze attraverso la sua cultura. «*I diritti culturali designano i diritti e le libertà di una persona, sola o in comune, di scegliere ed esprimere la propria identità e di accedere riferimenti culturali come tante risorse necessarie per il suo processo di identificazione, comunicazione e creazione*»[26].

A questo proposito, per il gruppo di ricerca è stato necessario comprendere se la valorizzazione delle competenze delle persone in diaspora fosse riconosciuta a livello sociale e nel contesto di accoglienza al fine di capire come e se viene rispettata la loro identità culturale e quindi i loro diritti culturali.

È dunque importante analizzare i concetti di referenze culturali, capacità culturale, competenza culturale e interculturale, nozioni fondamentali per tutto il percorso effettuato.

Quando si parla di referenze culturali si intende «*tutte le forme di saperi (saper essere, fare, comunicare partecipare... tutto ciò che concorre a saper vivere) accumulati, vissuti e trasmessi. I saperi sono delle conoscenze profonde che fanno vivere, perché danno accesso a capacità e ad altri saperi I saperi necessari per parlare, curare, comunicare, vivere nel proprio ambiente e per cambiarlo*»[27].

Le referenze culturali sono quindi tutti i saperi che orientano ogni persona nella vita quotidiana e sono fondamentali chiavi di lettura

---

[26] Meyer-Bisch., P. *Les mots de l'intermédiation culturelle au regard des droits culturels*, in S. Gandolfi (a cura di), *Diaspore e democrazie*, op. cit., p. 166.

[27] Trad. It, Meyer-Bisch, P. Diasporas interculturelles et démocraties. Fiche de travail pour les ateliers des 14-15 juin 2019.

dell'ambiente, dei comportamenti e della società che abitiamo. Queste ultime si trasformano in capacità culturali nel momento in cui si ha la possibilità e l'abilità di partecipare alle referenze culturali, quindi di accedervi, di praticarle, e di dare il proprio contributo.

La capacità culturale è definita come «*la capacità di toccare ed essere toccati. Ogni capacità culturale è vissuta come una liberazione dagli stereotipi e dall'impotenza legata alla mancanza di conoscenza*»[28].

La capacità culturale è anche chiamata *potere culturale*[29] ed è una capacità personale condivisa di godimento della libertà di giudizio e di valutazione. «*Il godimento l'efficacia e di ogni libertà quindi di ogni diritto culturale corrisponde alle capacità culturali*»[30].

A livello individuale questa capacità è al centro della dignità umana perché è alla base dell'esercizio di tutte le responsabilità e libertà fondamentali, compresa quella di rivendicare i diritti culturali. A livello collettivo si possono anche identificare le capacità culturali come elemento che condizionano la legittimità e l'efficacia di un'organizzazione.

La capacità culturale presuppone la responsabilità di fare propri dei riferimenti culturali e di rivendicare di conseguenza il riconoscimento dei diritti culturali connessi alle stesse. Ugualmente, in ambito collettivo la capacità culturale costituisce la qualità di una comunità di valori comuni e condivisi.

Per la valorizzazione della dignità umana e il rispetto dell'identità culturale e dei diritti culturali è indispensabile che le capacità culturali si trasformino in accessi individuali e condivisi, in azioni personali e collettive, in partecipazione critica e proattiva ai riferimenti culturali.

---

[28] Meyer-Bisch., P. *Les mots de l'intermédiation culturelle au regard des droits culturels*, in S. Gandolfi (a cura di), *Diaspore e democrazie*, op. cit., p. 163.

[29] Ibidem, p. 164.

[30] Trad. it, Meyer-Bisch, P. *Les diasporas: une chance pour vivre les compétences interculturelles,* Fiche de travail pour les ateliers des 16-17 octobre 2020.

La competenza culturale diventa quindi quel processo che permette il funzionamento e la messa in atto di più capacità culturali che si rinforzano reciprocamente e che sono riconosciute dalla persona stessa, dagli altri e dalle istituzioni.

La competenza culturale è quindi così definita: «*capacità riconosciuta e approvata di appropriarsi di referenze culturali e di accedere alle preferenze alle loro risorse, di praticarle e di dare un contributo attivo*»[31].

Le competenze culturali implicano una qualità riconosciuta e un'efficienza operativa, ovvero possono essere definite tali se vi è un accesso e una fruizione condivisa dei mezzi e degli spazi di interpretazione, tra rispetto e critica, e tre livelli di partecipazione: accesso, pratica e contributo. «*La competenza consiste nel sostenere la capacità, attraverso l'argomentazione, l'accertamento della prova, la dimostrazione, la produzione e la pubblicazione di opere (esposte a critiche). Ogni responsabilità culturale implica l'acquisizione di capacità per rispondere ai diritti / libertà culturali di se stessi e degli altri*»[32].

Così, quando si parla di competenza culturale si parla di un'operazione di potenziamento, di *empowerment* partecipato, di abilitazione delle capacità culturali, di responsabilità condivisa dalla persona e dalle istituzioni e di una conseguente libertà di esercitare le proprie scelte e capacità.

La competenza culturale diventa un fondamentale strumento di dispiegamento e di manifestazione dell'identità culturale, di accesso al rispetto e alla valorizzazione della dignità umana, chiave di azione per la

---

[31] Meyer-Bisch, P. *Diasporas interculturelles et démocraties*. Fiche de travail pour les ateliers des 14-15 juin 2019.

[32] Meyer-Bisch, P. *Les mots de l'intermédiation culturelle au regard des droits culturels*, in S. Gandolfi (a cura di), *Diaspore e democrazie*, nota a piè di pagina, op. cit., p. 164.

libertà e la responsabilità di ogni persona ed anche della collettività: «*La dignità di una persona si trova nelle sue capacità fondamentali di libertà e responsabilità. Riguardo ai diritti culturali, è il potere di dire, esprimere e condividere, toccare ed essere toccati, il potere di scegliere e di essere scelti, di ammirare e di interpretare*»[33].

Per comprendere questo passaggio occorre partire dal presupposto che ogni essere umano si inserisce in un sistema complesso di sinergie reciproche dove ogni disciplina è interconnessa alle altre. L'importanza dello scambio è direttamente proporzionale al livello di complessità a cui la stessa disciplina mira. Nel concreto, se prendiamo come disciplina la medicina è facile capire quanto sia cruciale la relazione con esperti di altri Paesi. Questo vale per tutte le discipline ed è implicito che lo sia anche per le scienze umane, plurali per definizione. L'essere umano per sua natura è inserito all'interno di un sistema sempre più complesso che presuppone una molteplicità di discipline in grado di spiegarne i comportamenti ed ha bisogno di relazioni reciproche tra diversi che si alimentano e si arricchiscono a vicenda. Se è vero che il cuore delle discipline sta nelle frontiere, è proprio nello spazio delle frontiere che si sviluppa e si arricchisce la competenza interculturale. La frontiera non è solo un luogo di passaggio verso l'esterno, ma è c'è anche una frontiera interiore; ognuno di noi è frutto di un complesso equilibrio sistemico di relazioni, interne ed esterne, di riferimenti, di conoscenze, di saperi, di capacità con le quali si relaziona con tanti altri esseri umani. Si innescano così sinergie reciproche che rappresentano il cuore dell'interculturalità, creando delle energie che si alimentano vicendevolmente.

Alla luce di tutto ciò, si capisce perché le competenze culturali e interculturali si focalizzano principalmente fra le persone in diaspora che è di per sé una frontiera in quanto costituita da soggetti accomunati da un elevato vissuto di scambio che è parte della loro quotidianità dal

---

[33] Ibidem, p. 164.

giorno in cui hanno intrapreso l'esperienza migratoria. La diaspora, quindi come emergerà dai contributi nelle diverse fasi di ricerca, è un luogo di condivisione non solo della sofferenza ma anche della ricchezza. In condizioni di difficoltà i saperi, le capacità, le conoscenze circolano e vengono messe a disposizione degli altri membri della diaspora.

In un sistema sempre più complesso che richieste un livello di conoscenza, di specializzazione sempre più elevati è fondamentale fare passi in avanti per il riconoscimento e la valorizzazione delle competenze interculturali, già insite nelle persone in diaspora così come è fondamentale lo scambio tra Paesi e lo scambio reciproco tra riferimenti culturali.

In conclusione, *quali sono le competenze che riconoscono di avere i migranti e quali sono le competenze riconosciute alle persone in diaspora? E quali sono gli strumenti e i dispositivi che la nostra società mette a disposizione per la loro partecipazione attiva?*

E, ancora, le competenze delle persone in diaspora sono riconosciute e valorizzate più a livello personale che a livello collettivo nel contesto bergamasco? Questo per comprendere al meglio quale sia la possibilità di esercizio della propria identità culturale e per identificare quali diritti culturali vengono rispettati o violati nella società di accoglienza.

2.2. Rilettura delle interviste e analisi delle competenze emerse Contesto

La relazione tra migrazioni e sviluppo è al centro di migliaia di dibattiti da metà del secolo scorso quando, usciti dal secondo conflitto mondiale, fioriscono le principali organizzazioni internazionali e non governative nutrite dal desiderio condiviso di tutelare la pace tra popoli.

Molte persone del gruppo di ricerca lavorano da anni a stretto contatto con persone di origine straniera e hanno potuto osservare una serie di dinamiche ritrovate a più riprese anche nei soggetti intervistati che, in linea di massima, appartengono invece alla cosiddetta "vecchia *guardia*" ovvero ai migranti di prima generazione, giunti su territorio italiano alla fine degli anni '90, primi anni 2000.

Negli anni si è osservato che, al di là di quelle che possono essere le forme classiche di aggregazione, i migranti attivano spesso una complessa rete informale di socializzazione e circolazione di informazioni utili a vivere o sopravvivere nel Paese d'accoglienza, sempre meno predisposto allo scambio.

Il contesto di accoglienza costituito da cittadini e da strutture istituzionali non risulta essere sempre pronto all'inclusione di nuovi soggetti culturali. Questo elemento, influenzato senza dubbio dai *mass media* e da dinamiche economico-politiche internazionali, ha una grossa ricaduta sulle persone di origine straniera, sulle comunità in diaspora[34] e più in generale sullo sviluppo della città di Bergamo.

Il fenomeno migratorio non si può arrestare. Da sempre i popoli si spostano per trovare il luogo più adatto e confortevole per sviluppare la propria vita. Oltretutto, i dati aggiornati al 2020 ci confermano che Bergamo è una città già ricca di presenze straniere pari a circa 20.000 persone residenti sparse sui 25 quartieri della città. Tra le principali nazionalità che compongono il puzzle troviamo, in ordine decrescente di incidenza Bolivia, Romania, Ucraina, Marocco e Repubblica Popolare Cinese[35].

Dalle osservazioni sul campo svolte negli ultimi anni emerge che *le competenze delle diaspore hanno in genere poca visibilità e poca*

---

[34] A tal proposito, considerando la pluralità di definizioni del termine, è doveroso specificare che quella da noi sposata è quella di Patrice Meyer-Bisch, (Fribourg, 2019) il quale la definisce come: "*Una riunione di persone disperse, ove c'è dunque, da un lato, una tensione fra strappo, rottura, assenza e, dall'altro, ricostituzione di un nuovo spazio-tempo, di una comunità con altre forme di riconoscimento*".

[35] Dati del Comune di Bergamo aggiornati al 1° gennaio 2020.

rappresentatività nel contesto culturale, sociale e produttivo bergamasco, dunque, la ricerca mira anche a verificare se e come questo è confermato dando voce direttamente ai soggetti in diaspora.

Dai concetti alla rielaborazione delle interviste

Partendo proprio dalla definizione data finora di competenza, la prima fase della ricerca mira a comprendere, attraverso interviste a soggetti in diaspora sul territorio di Bergamo, se tutto ciò ha un reale riscontro nella nostra città. Ci si domanda se le competenze esistono, se circolano e soprattutto se sono riconosciute dai soggetti istituzionali e non del contesto locale.

Ciò che il gruppo ha subito evidenziato è che non sempre le persone intervistate sono consapevoli delle proprie risorse; a tal proposito come utile strumento metodologico, si è costruita una griglia di rielaborazione delle competenze emerse.

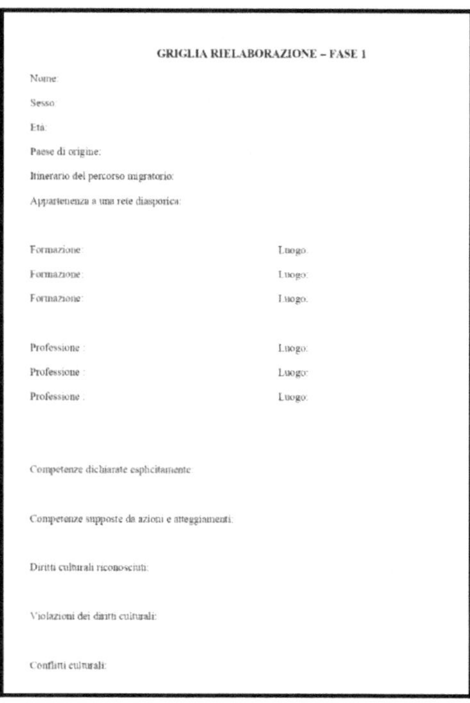

GRIGLIA RIELABORAZIONE – FASE 1

Nome:

Sesso:

Età:

Paese di origine:

Itinerario del percorso migratorio:

Appartenenza a una rete diasporica:

Formazione: Luogo:

Formazione: Luogo:

Formazione: Luogo:

Professione :   Luogo:

Professione :   Luogo:

Professione :   Luogo:

Competenze dichiarate esplicitamente:

Competenze supposte da azioni e atteggiamenti:

Diritti culturali riconosciuti:

Violazioni dei diritti culturali:

Conflitti culturali:

Intervistare le persone in diaspora è stato un preziosissimo esercizio di analisi guidato proprio da questo modello e ciò che è emerso è che molte delle competenze ritenute fondamentali sono già presenti nei soggetti intervistati.

Per quanto riguarda il campione di riferimento, si tratta di persone comprese tra i 26 e 60 anni provenienti da paesi europei ed extraeuropei. Come già sottolineato la ricerca non mira ad essere rappresentativa di tutte le comunità di origine straniera presenti sul territorio di Bergamo bensì a raccogliere alcuni vissuti al fine di sottolinearne le competenze, reali o potenziali. Nel dettaglio in questa prima parte, abbiamo incontrato persone provenienti da Senegal, Cina, Bulgaria, Bolivia, Perù, Afghanistan e Albania, tutte residenti a Bergamo. Inutile specificare che il tempo di permanenza in Italia ha delineato dinamiche differenti e percorsi di interazione con la città di Bergamo disomogenei. Ad avere inciso molto è anche il periodo storico di arrivo: coloro che sono arrivati in Italia negli anni Novanta hanno avuto uno scenario di accoglienza completamente diverso rispetto alle persone approdate nell'ultimo decennio. Sono le persone stesse a fare presente che *"quando sono arrivato era tutto diverso, le persone non conoscevano nulla della nostra cultura ma per lo meno erano incuriosite, era un "osservarci" curioso non ostile; ora è tutto diverso. Ho timore a fare crescere mia figlia qui, le sto insegnando che è una cittadina come le altre ma i segnali che riceve dall'esterno non aiutano a sostenere le mie parole"* dichiara L.M., una delle persone incontrate.

Per quanto riguarda i valori, nei soggetti intervistati ritroviamo, tra tutti, la *"valorizzazione e il rispetto delle diversità' culturali"* e *"le conoscenze teoriche e pratiche delle lingue e delle culture"*. Due valori cruciali se consideriamo che alla base della democrazia c'è il riconoscimento e, soprattutto, la rappresentanza delle pluralità.

I presupposti del riconoscimento sono la curiosità e la ricerca di conoscenza; laddove queste non esistono, il rischio di rendere i soggetti in diaspora "invisibili" è altissimo. Se da un lato è vero ciò che scrive Monsutti ovvero «*l'invisibilità è talvolta ricercata dagli itineranti, come una forma di protezione contro l'arbitrario (inteso come discriminazione, giudizio)*»[36], dall'altro lato ciò che si nota dalle parole di molti intervistati è che questa invisibilità arbitraria alimentata dall'indifferenza della società d'accoglienza può risultare culturalmente (e non solo) letale.

In sostanza, più sei invisibile, più ti nascondi in quanto arrivi a convincerti di non poter avere nessun ruolo utile nella società d'approdo che, è esattamente l'opposto di ciò che ci si aspetta lasciando il proprio Paese in cerca di una vita migliore in Europa. Il tema è cruciale per comprendere tutte le sfumature dei meccanismi che si vanno a generare.

È proprio in questa fase, infatti, che si alimenta il "*sommerso*", ovvero quella complessa rete di relazioni che aggancia i migranti "invisibili".

Il fatto che la società di accoglienza non riconosca questo network le fa perdere l'occasione di sfruttare le risorse che lo compongono. Oltretutto, sappiamo bene che laddove sono assenti istituzioni e società civile, trova spazio l'illegale.

Per cercare di attenuare tutto ciò, la società ha bisogno di persone con *conoscenze teoriche e pratiche delle lingue e delle culture* in quanto è solo grazie alla conoscenza dei vari riferimenti culturali che una società si può dire democratica e inclusiva. Se non si è in grado di leggere i differenti codici comunicativi il rischio di generare incomprensioni e conflitti aumenta. Se è vero, inoltre, che «*la potenza di ogni riferimento culturale, di ogni settore (linguistico, artistico, scientifico, religioso, familiare...) si esprime pienamente solo alle*

---

[36] Monsutti, A. *Homo itinérants: la planète des Afghans*, Puf, Parigi, 2018, p. 195.

frontiere con gli altri riferimenti culturali»[37], significa che la società odierna bergamasca ha un enorme bisogno di cittadini con doppia appartenenza o comunque, in grado di mediare, curare, coltivare lo spazio di frontiera. Ovviamente questo non è sufficiente, perché, come dimostrano i dati indicati, a Bergamo esiste già un enorme potenziale di educatori interculturali in grado di essere *"ponti"* ma occorre che essi si sentano valorizzati e riconosciuti per le loro competenze.

Qui sorge spontanea una domanda: *in che modo un cittadino nato e cresciuto in Italia dovrebbe ritenere utile per sé la presenza di persone in grado di leggere più riferimenti culturali?* Perché l'uomo sente il naturale bisogno di relazionarsi e di scoprire cose nuove che gli hanno permesso di sopravvivere ed evolversi; questo causa una naturale propensione al movimento, allo scambio e, in un'epoca come questa in cui qualsiasi cosa è *"a portata di mano"* tale dinamica è ancora più forte. È dunque poco lungimirante pensare di poter avere società culturalmente omogenee, in cui esiste un unico riferimento culturale. Oggi, la stessa città di Bergamo è già frutto di molteplici comunità con i propri riferimenti culturali, purtroppo non ancora abbastanza valorizzati e in relazione tra loro.

Dalle interviste si evince infatti che si è ben lontani dal riconoscimento dei soggetti in diaspora come portatori di sviluppo. Ciò che prevale è il pregiudizio. Uno dei partecipanti, la signora C., sottolinea come *"Quando sono arrivata è stato davvero orribile: non ero in grado di esprimermi in italiano, dunque, la famiglia del mio attuale marito mi trattava come una minorenne incapace di intendere e volere, come se stessero parlando con una bambina, è stato davvero umiliante"*. Sono parole che ci dicono molto dell'approccio alla persona in diaspora, indipendentemente dalla ragione e dalla modalità d'arrivo.

---

[37] Trad. it, Meyer-Bisch., P. *Les diasporas: une chance pour vivre les compétences interculturelles,* Fiche de travail pour les ateliers des 16-17 octobre 2020.

Rispetto agli atteggiamenti, ne abbiamo ritrovati numerosi tra cui spiccano l'intraprendenza e l'efficacia.

Nella maggior parte dei soggetti intervistati, si tratta di persone che, spinte da una situazione di insoddisfazione per sé e per la propria famiglia, intraprendono un percorso migratorio. Anche se la maggior parte delle persone intervistate emigrano per motivi professionali, esiste una buona percentuale di soggetti che si trasferisce per seguire i propri affetti come riportato sempre dalla signora C. *"Dopo circa dieci anni che abitavo nel mio paese per motivi di lavoro, abbiamo deciso di provare a costruire un futuro insieme a Bergamo, sua città d'origine; per me all'inizio non è stato facile ma d'altronde anche lui è stato tanti anni da me".*

Altri invece arrivano per studio e poi rimangono in quanto costruiscono piano piano la propria rete affettiva e lavorativa qui.

Sul significato della decisione di migrare è bene soffermarsi poiché dalle interviste e dall'insieme delle narrazioni di vita raccolte negli anni di accoglienza risulta esserci una galassia ancora troppo sconosciuta che spesso porta a semplificazioni inadeguate.

Al tema del viaggio sono legati i concetti di *"ricerca"* (di lavoro, di esperienza, di studio, di protezione), o di *"fortuna"* intesa come destino predeterminato; si parte *per non stare fermi* dinanzi a un Paese senza prospettive. L'atto migratorio è un modo per tenersi attivi e andare alla ricerca di un qualcosa che è già stato scritto. Dall'Africa subsahariana si moltiplicano quindi i *modou modou* senegalesi o i *backway boys* gambiani[38] attorno a cui ruota un universo in grado di determinare ogni singola scelta fatta poi nel Paese di accoglienza.

Nell'analizzare le competenze dei migranti e l'impatto che queste hanno sia qui sia sui paesi d'origine non si possono ignorare queste dinamiche.

---

[38] Termini specifici locali con cui si designano i giovani che decidono di lasciare il Paese per cercare fortuna altrove.

Il solo gesto di partire porta con sé un grande sentimento di efficacia in quanto una volta intrapreso il viaggio è quasi impossibile pensare di rinunciare, di tornare indietro senza aver notevolmente migliorato le condizioni di vita proprie e della famiglia. Partire molto spesso significa avercela fatta, soprattutto agli occhi di chi resta. Poco importa se le reali condizioni di vita a cui si è costretti in Italia non sono certo ottimali. Anche nella migliore delle ipotesi, il migrante in diaspora è costantemente sottoposto a una pressione economica proveniente dalla famiglia, a cui difficilmente può sottrarsi. Non si sottrae perché verrebbe meno il sentimento di riuscita, elemento chiave che dà un senso agli enormi sacrifici che normalmente la persona in diaspora deve fare.

Come afferma una persona intervistata, A., occorre essere accanto ai nuovi arrivati per sostenerli nel loro cammino di integrazione: *"Sono giovane e faccio altro di mestiere ma tante volte nel locale entrano ragazzini africani che sono da poco arrivati e stiamo ore ed ore a parlare di come funziona in Italia. Io non sono mediatrice di professione ma mi sento in dovere di mediare, mi viene naturale fare da ponte tra la cultura italiana e quella africana; questi ragazzi ne hanno bisogno perché sono totalmente smarriti"*.

Quasi la totalità delle persone intervistate riporta questa abilità nel mediare, nel sentirsi ponte tra due appartenenze culturali ed identitarie che coesistono.

Occorre anche sottolineare l'importanza, talvolta trascurata, dell'abilità linguistica: la totalità degli intervistati conosce e sa comunicare in almeno tre o quattro lingue differenti; il contesto di accoglienza purtroppo non è altrettanto preparato e lo si evince da una delle intervistate il cui nome, ci tiene a precisare, significa *Generosa:* *"Se ho amici sono generosa; sono generosa al 50%"; "agli sportelli spesso sono poco cordiali. Mi hanno fatta anche piangere perché non parlavano inglese e io non parlavo italiano. Gli italiani pretendono l'italiano, spesso non accettano le altre lingue. Nemmeno l'inglese. Non *accettano chi non parla italiano, a prescindere da dove viene. Non è una questione personale, è una questione di lingua. Gli italiani se ti danno fiducia ti danno tutto. Faccio il possibile per imparare e inserirmi".*

Dal punto di vista pedagogico-educativo la svalutazione della lingua materna, soprattutto nei bambini, genera ciò che Alber Memmi già nel 1957 definiva «*dramma linguistico*»[39]. Riferendosi agli studenti bilingue Memmi sosteneva infatti che essi vivono una profonda scissione tra la lingua madre (umiliata, svalutata, nascosta nonostante sia quella con cui hanno imparato ad esprimere i propri sentimenti) e la lingua del Paese d'accoglienza. Tale scissione sfocia spesso in difficoltà d'apprendimento e abbandono scolastico[40].

Altre interviste ci raccontano di un contesto che, oltre alle difficoltà linguistiche, si caratterizza per un tessuto economico e sociale che vede aumentare precarietà e disuguaglianze. E' il caso della signora E. laureata, che ha vissuto in diverse nazioni europee dove aveva acquisito un buon ruolo sociale e lavorativo. In sostanza è una cittadina europea e in altri paesi è riuscita a rapportarsi con le istituzioni; ma, trasferita in Italia per seguire gli affetti, si è trovata a disagio.

L'altro aspetto emerso è l'abilità nella costruzione della rete comunitaria. Molte delle persone intervistate evidenziano una nostalgia rispetto a schemi comunitari tipici dei propri Paesi d'origine che non sempre riescono a riproporre a Bergamo. Anche in questo caso, la capacità di sviluppare comunità e reti è già presente in molti dei soggetti intervistati e se adeguatamente riconosciuta, può diventare una fonte di ricchezza per tutti.

---

[39] Memmi, A. *Ritratto del colonizzato e del colonizzatore*, Liguori, Napoli 1979.

[40] Bongiovanni, F. O. Ndiaye, *La dispersion linguistique: focus sur la langue maternelle des enfants originaires de l'Afrique subsaharienne*, in S. Gandolfi (a cura di), *Diaspore e democrazie*, op.cit, p. 95.

Nell'ultima fase della ricerca, condizionata fortemente dalla pandemia, abbiamo deciso di intervistare alcune comunità di origine straniera che si sono attivate durante l'emergenza sanitaria. Questi incontri sono stati preziosi in quanto ci hanno aperto una finestra sul mondo associativo alimentato anche da persone che, arrivate in Italia nello scorso ventennio, hanno creato un tessuto sociale basato sui valori di solidarietà e condivisione. I referenti delle realtà intervistate riportano che i membri delle associazioni sono accomunati dai riferimenti culturali ma hanno background e stili di vita disomogenei. È un esempio significativo che dice del valore che è alla base della vita associativa e si esprime con un supporto verso i meno abbienti da parte di chi è più agiato.

Molte delle culture presenti basano il loro assetto su una struttura comunitaria, retta da una rete di regole implicite ove ognuno ha un ruolo ben preciso nel mantenere un equilibrio anche quando non si vive in condizioni ottimali. Nonostante ciò, talvolta queste strutture presentano dinamiche relazionali di subalternità anche tra pari che, investiti di enormi responsabilità, vivono in perenne competizione con gli altri. Negli anni si è notato che coloro che, all'interno della diaspora, non reggono questa competizione sono gli stessi che cercano più contatto con gli autoctoni in quanto esterni a queste dinamiche. Laddove il riscontro alla ricerca di contatto è positivo, si nota un reale processo di inclusione in cui ci si conosce e ci si arricchisce reciprocamente. Purtroppo, più spesso succede che questa ricerca di contatto spaventa. Se non c'è una conoscenza reciproca delle dinamiche culturali delle altre culture, si rischia di leggere questa ricerca di contatto come un'invasione e un'intrusione.

Una possibile strada è proprio quella di riconoscere gli aspetti positivi delle prassi comunitarie tipiche di ogni cultura presente, tenendo sempre conto che tutto passa attraverso una conoscenza reciproca che può svilupparsi solo attraverso relazioni di qualità, non superficiali.

Tutto ciò dimostra nuovamente l'importanza cruciale della conoscenza di più riferimenti sia linguistici che culturali.

Degno di particolare nota è il *senso di responsabilità* che si rileva nella totalità delle persone intervistate, indipendentemente da età, provenienza e background culturale. Esse leggono il proprio percorso migratorio come un importante mandato assegnato dalla famiglia o addirittura da un'intera comunità. Non è un compito al quale ci si può sottrarre in quanto spesso è frutto di un ingente investimento avvenuto tempo fa, al momento della partenza. Chiaramente ciò non vale per tutti i soggetti intervistati ma l'intero campione esplicita la centralità del senso di responsabilità nella propria vita che è il perno da cui derivano scelte professionali e familiari. Nella maggior parte dei casi, i soggetti dichiarano di aver rinunciato alla propria realizzazione personale per coerenza con promesse fatte al momento della partenza o per immaginare un futuro diverso per i propri figli.

Lo esplicita bene K. quando dice: *"Pensa, a 18 anni ero maestro nel mio paese. Ero rispettato ma guadagnavo 50 euro al mese. A 21 anni in Italia facevo il muratore. Sempre sporco e considerato meno di zero. La mamma me lo dice sempre che avrei potuto portare la cravatta. A me piaceva studiare. Andare in biblioteca. Andavo sempre in biblioteca a prendere libri. Uno che studiava con me ha fatto il ministro dell'interno".*

Come accennato in apertura, non sempre i soggetti sono consapevoli delle proprie competenze che però attirano l'attenzione degli intervistatori come, ad esempio: la resilienza, il pragmatismo, lo spirito d'iniziativa e la gestione dello stress.

La resilienza, concetto talvolta inflazionato, accomuna gran parte degli intervistati, soprattutto coloro che sono partiti da condizioni meno agiate; le loro narrazioni di vita ne sono la dimostrazione: *"Ero un operaio in una fabbrica metalmeccanica di Bergamo dove venivano realizzati vari pezzi. Durante la crisi economica del 2008 la fabbrica per cui lavoravo è fallita. Sono rimasto disoccupato per un certo periodo. Ho provato invano a trovare un altro lavoro ma dopo vari tentativi, mi sono reso conto che per uscire da questa situazione dovevo cambiare approccio. Ero troppo vecchio per trovare lavoro, ma troppo giovane per andare in pensione. Con la mia liquidazione ho quindi deciso di mettermi in proprio. È stata dura ma adesso ho il mio business, tra qui e il mio Paese"*.

Spesso le persone in diaspora fanno da ponte tra due culture. *"Questo è vero, vogliamo essere un ponte, ma per portare a casa qualche risultato bisogna che le persone ci salgano sopra. Forse dobbiamo confidare nelle nuove generazioni, che avranno di sicuro una mente più aperta e saranno più disposte ad accettare i cambiamenti"*. Ha ragione S. quando si chiede se la società è davvero disposta a *"salire sul ponte"*. Bergamo è pronta a riconoscere la ricchezza e il potenziale dei soggetti in diaspora? Bergamo ha messo le giuste fondamenta a questo ponte? Solo a seguito di un riconoscimento vedremo i frutti della circolazione di competenze che già è informalmente presente nei soggetti in diaspora.

Ciò che è certo è che entrare in contatto con persone di altre culture impone una riflessione sulla propria identità che in questo periodo storico è più che necessaria, per tutti. Entrare in contatto con i migranti ci mette dinanzi a ciò che non funziona nella nostra società e questo può aiutarci a migliorarla. Come ci ricorda Monsutti «Essi *sono partecipanti attivi nel sistema politico morale globale, mostrando quanto immorale esso sia*»[41]: ecco perché quando bussano alle porte dei nostri Paesi fanno paura, perché ci ricordano, con la loro presenza fisica, quanto è impregnato di ingiustizie il sistema in cui viviamo. Alla luce di tutto ciò riteniamo quanto mai doveroso condividere con le nostre comunità alcune riflessioni che, grazie agli occhi e alla voce dei migranti

---

[41] Monsutti, A. *Mobility as a political act, Ethnic and racial studies,* Symposium: Thomas Faist's *The moral polity of forced migration,* 2018. https://doi.org/ 10.1080/01419870.2018.1388421.

incontrati, ci hanno permesso di individuare alcuni aspetti particolari legati sempre all'identificazione e alla circolazione delle competenze.

2.3. Diritti culturali goduti e violati. Definizione di diversità culturale e di diritti culturali

Trovare una definizione univoca del concetto di "diversità culturale" è un compito assai arduo. Sicuramente la Convenzione dell'UNESCO sulla protezione e promozione della diversità delle espressioni culturali può dare un orizzonte di riferimento al significato, dal momento in cui all'art.2 sostiene che «la protezione e la promozione della diversità culturale presuppongono il rispetto dei diritti umani, delle libertà fondamentali quali la libertà di espressione, d'informazione e di comunicazione nonché la possibilità degli individui di scegliere le proprie espressioni culturali»[42].

Ne fa seguito anche la Dichiarazione universale sulla diversità culturale, che all'art.4 sottolinea proprio come «la difesa della diversità culturale è un imperativo etico inscindibile dal rispetto della dignità della persona umana. Essa implica l'impegno a rispettare i diritti dell'uomo e le libertà fondamentali, in particolare i diritti delle minoranze e dei popoli autoctoni»[43].

In particolare è *la Dichiarazione di Friburgo sui diritti culturali*, redatta nel 2007 da un gruppo di lavoro dell'*Istituto interdisciplinare di etica e dei diritti dell'uomo* (IIEDH) che ci permette di definire il concetto di identità culturale. All'art.2b si afferma che essa è «[...] l'insieme dei riferimenti culturali con il quale una persona, da sola o in comune con gli altri, si definisce, si costituisce, comunica e intende essere riconosciuta nella sua dignità».

---

[42] UNESCO, *Convenzione sulla protezione e la promozione della diversità delle espressioni culturali*, Parigi 2005, p. 2.

[43] UNESCO, *Dichiarazione Universale sulla Diversità Culturale*, Parigi 2001, p. 1.

Definizione ugualmente sostenuta anche nel Rapporto UNESCO *«Investire nella diversità culturale e nel dialogo interculturale»* del 2009 che afferma che «traggono da essa il loro valore e significato»[44].

Per quanto concerne i Diritti Culturali la Dichiarazione Universale dei Diritti dell'uomo del 1948, all'art. 27 stabilisce che «ogni individuo ha diritto di prendere parte liberamente alla vita culturale della comunità, a godere delle arti e a partecipare al progresso scientifico ed ai suoi benefici. Ogni individuo ha diritto alla protezione degli interessi morali e materiali derivanti da ogni produzione scientifica, letteraria e artistica di cui egli sia autore».

Dichiarazione di Friburgo

I principali soggetti coinvolti nella Dichiarazione di Friburgo sui diritti culturali sono stati attori del settore pubblico, civile e privato: sono stati coinvolti rispettivamente gli Stati e le loro istituzioni, le organizzazioni non governative e istituzioni a scopo non lucrativo, infine le imprese presenti nei vari contesti di azione.

In particolare, il gruppo di lavoro «ha ritenuto, nel redigere la Dichiarazione, che i diritti culturali enunciati nella stessa fossero già riconosciuti in modo sparso e non sempre correlato in un gran numero di convenzioni e enunciati relative ai diritti umani, e che fosse importante riunirli per garantirne la visibilità e la coerenza e favorirne l'effettività»[45].

È importante però sottolineare che la «Dichiarazione di Friburgo non è rimasta un mero esercizio teorico e intellettuale ma ha trovato un grandissimo riscontro da parte degli organi delle Nazioni Unite,

---

[44] UNESCO, *Investire nella diversità culturale e nel dialogo interculturale*, Prefazione, Parigi 2009.

[45] Bersani, L. *La dimensione umana del patrimonio culturale nel diritto internazionale: identità e diritti culturali*, in «La comunità internazionale: rivista trimestrale della Società italiana per l'organizzazione internazionale», n. 1/2015, p. 43.

specificatamente preposti alla tutela dei diritti umani [...]. Il Comitato delle Nazioni Unite sui diritti economici, sociali e culturali che è specificatamente preposto a vigilare le modalità in cui gli Stati danno attuazione al Patto sui DESC e in particolare l'interpretazione che questo Comitato ha dato al diritto di partecipare alla vita culturale [...]. La pietra miliare in questo processo è da individuare nell'Osservazione Generale adottata nel 2009 [...]. Nell'Osservazione Generale sul diritto di partecipare alla vita culturale il Comitato, richiamando esplicitamente la Dichiarazione di Friburgo, ha adottato la definizione di cultura, formalizzata nella Dichiarazione di Friburgo»[46].

In ogni caso è innegabile riconoscere il suo valore interpretativo e il ruolo che negli anni ha giocato aiutando i governi a porre l'attenzione sui suoi contenuti.

Mantenendo come chiave di lettura teorica i diritti culturali possiamo dire che la maggior parte delle persone intervistate non ha una conoscenza effettiva dei propri diritti. Dalle interviste emerge un elenco lungo e diversificato dei diritti culturali violati, con diversi gradi di consapevolezza a seconda della persona intervistata.

L'articolo di più semplice interpretazione è l'art. 6 della *Dichiarazione di Friburgo*[47], concernente il *diritto all'educazione e alla formazione*.

Da sempre il sistema educativo è considerato una leva fondamentale delle politiche di accoglienza e integrazione dei soggetti di origine straniera con una forte centratura assimilativa: percorsi di alfabetizzazione, educazione civica e istruzione di base, formazione *on the job*.

---

[46] M. Ferri, *Diritti culturali e democrazie: Il concetto di diaspora/diaspore interculturali*, in S. Gandolfi (a cura di), *Diaspore e democrazie*, op. cit. p. 35.

[47] Si farà riferimento al testo M. Meyer-Bisch, M. Bidault, *Déclarer les droits culturels. Commentaire de la Déclaration de Fribourg*, Schulthess, Genève, 2010.

All'interno del gruppo diasporico si è osservato che il soggetto, caratterizzato da un alto *background* culturale ed economico, vede rispettato questo diritto almeno in linea di principio seppur, a seconda dei casi legati alle esperienze di vita e di accoglienza, lo stesso diritto non sempre è effettivamente assicurato.

Oggi il *diritto all'educazione e alla formazione* rappresenta uno dei diritti culturali maggiormente riconosciuto nei documenti internazionali sui diritti dell'uomo, d'altra parte c'è distanza tra questo riconoscimento e la percezione effettiva che i soggetti hanno nel loro vivere quotidiano.

I titoli accademici vengono difficilmente riconosciuti nel contesto di accoglienza e vi è una svalutazione delle competenze a livello professionale. Allo stesso tempo c'è la medesima difficoltà nel concretizzare il desiderio di proseguire gli studi, condizionato da motivi di carattere economico.

D'altra parte, per i migranti è spesso facile accedere all'iscrizione, anche se il frequentare corsi propedeutici per le persone adulte diventa difficile per questioni professionali o familiari. È un'opportunità, educativa e formativa, che per molti soggetti, costretti ad abbandonare le sedi di origine, si scontra con molteplici difficoltà.

È invece utile ricordare come «la cultura, attraverso il curriculum scolastico e le competenze collegate, è il bene collettivo che rappresenta idealmente lo Stato e viene distribuito per poter essere, a sua volta diffuso e fruito dalla più ampia base sociale. La persona migrante, al di là della traiettoria di vita e di lavoro che seguirà, è inserita in questa 'catena di distribuzione' se e in quanto potrà ricevere, e a sua volta distribuire, la cultura ricevuta»[48].

L'educazione e la formazione delle persone in diaspora è una necessità primaria dei contesti di accoglienza, delle realtà di origine dei migranti e dello sviluppo umano globale.

---

[48] Colombo, M., Scardigno, F. *La formazione dei rifugiati e dei minori stranieri non accompagnati. Una realtà necessaria*, Vita e Pensiero, Milano 2019, p. 24.

Dalle narrazioni raccolte si evidenziano due ostacoli che impediscono il pieno godimento dei diritti: la lingua e il diritto di voto. Nel primo caso ci si riferisce alle lingue veicolari che spesso all'interno dell'amministrazione pubblica non sono considerate necessarie. Nel secondo caso, se il cittadino non ha diritto di voto, non investe energie nella partecipazione attiva all'interno della comunità di accoglienza. Questi potrebbero condizionare la partecipazione attiva alle scelte societarie.

In realtà però, come emerge dalle persone intervistate, molte trovano uno spazio d'azione e un ruolo sociale in seno alle reti informali. Evidenze che faticano a figurare nelle interviste e nelle statistiche ufficiali.

Possiamo pertanto affermare che essi esercitano il loro *diritto d'accesso e partecipazione alla vita culturale* (articolo 5), ma in contesti non formalmente strutturati e non istituzionalizzati.

È difficile poter affermare che vi sia una vera e propria violazione esplicita dei diritti culturali, in relazione a questo articolo. Sicuramente la propria lingua di origine viene parlata solo nell'ambiente familiare e nel gruppo dei connazionali (*networks*[49]), pertanto eventuali considerazioni, riflessioni, opinioni di carattere politico e sociale non vengono espresse in luoghi idonei, ovvero in contesti decisionali che indirizzano la società e i servizi.

Allo stesso tempo questa difficoltà è dovuta anche ad una scarsa partecipazione alla vita culturale, frutto di scelte individuali del soggetto, - che decide di dedicare il proprio tempo al lavoro e alla

---

[49] Per il concetto di *social network*, in ambito sociologico, si fa riferimento alla definizione di J. C. Mitchell che lo definisce «uno specifico complesso di legami tra un insieme ben definito di persone [...] con la proprietà che le caratteristiche di questi legami possono essere usate come un tutto per interpretare il comportamento sociale delle persone coinvolte» in *The concept and the Use of Social Networks*, in Id., *Social Networks in Urban Situations*, University of Manchester Press, Manchester 1969, p. 2.

famiglia a scapito dell'impegno sociale, ed anche alle condizioni sociali della comunità accogliente che non sempre offre politiche di supporto volte a favorire una qualche partecipazione.

D'altra parte, coloro che nelle interviste dichiarano di veder riconosciuto il diritto di partecipazione allo sviluppo culturale della società, sono persone in grado di creare loro stesse spazi di imprenditorialità, di associazionismo e dunque di relazione con il contesto. Queste esperienze lavorative e associative si uniscono poi a eventuali reti amicali che negli anni i soggetti sono stati in grado di coltivare e che diventano occasione di confronto e partecipazione.

Come nel caso specifico dell'associazionismo straniero, questo si declina sia in una valenza simbolica sia materiale[50]. Esso rimanda da un lato alla continuità identitaria, individuale e collettiva, tra Paese di origine e Paese di destinazione, ovvero l'humus delle reti come luogo di memoria storica per coloro che vivono una doppia appartenenza, dall'altra parte costituisce la prima risorsa, la stabilizzazione e l'integrazione con i contesti di accoglienza.

Questi gruppi e associazioni, infatti, oltre ad offrire occasioni relazionali e di incontro con i cittadini autoctoni, svolgono anche funzioni auto-formative. Esse esercitano un ruolo politico e di collegamento con le istituzioni che organizzano ed erogano servizi. È dunque importante che la rappresentanza espressa da soggetti in diaspora sia sostenuta e facilitata in molteplici circostanze offrendo loro maggiori possibilità di formare reti e coordinamenti territoriali, che abbiano carattere sociale e culturale, ma allo stesso tempo che sia utile al mantenimento dell'identità culturale.

Anche in questo caso siamo dinanzi ad un diritto di difficile applicazione, dal momento che esso si basa su requisiti individuali; è tuttavia vitale per dare un impulso continuo al cambiamento sia dei

---

[50] Carchedi, F. *Le associazioni degli immigrati*, in E. Pugliese, *Rapporto immigrazione. Lavoro, sindacati, società*, Ediesse, Roma 2000.

soggetti che delle istituzioni. È una reciprocità che di conseguenza rivitalizza anche la democrazia, poiché coinvolge davvero tutti gli attori del territorio.

L'articolo 3, della *Dichiarazione, diritto all'identità e al patrimonio culturale*, focalizza come la presenza nelle società di persone e gruppi che hanno riferimenti culturali diversificati aumenti la complessità sociale che è un terreno di prova per i Paesi di accoglienza; appartenere a un'etnia o a una cultura specifica può essere sicuramente un'opportunità di arricchimento ma può risultare problematico quando l'adattamento mette in pericolo la propria identità culturale. Anche in questo caso non tutti i partecipanti alla ricerca vedono riconosciuto questo diritto, alla luce anche della sua complessità.

L'incontro tra culture nella prospettiva della valorizzazione reciproca, porta a riconoscere l'altro nella sua identità, personale e culturale. Il dialogo reciproco e la capacità di mettersi in un atteggiamento di disponibilità interpersonale permettono la valorizzazione e il riconoscimento dei soggetti, in un orizzonte di senso più ampio, ma permette anche al soggetto di mettere in evidenza i propri tratti identitari, che spesso rimangono inespressi.

Le esperienze sopra esposte vengono messe in relazione con l'articolo 4, circa il diritto al *riferimento alle comunità culturali*.

Nella maggior parte dei soggetti coinvolti nella ricerca, indipendentemente dall'estrazione sociale, si è potuto leggere una sofferenza più o meno rielaborata. Trovandosi dinanzi a pregiudizi che li assegnano automaticamente a una determinata comunità, i migranti sentono abrogato di fatto il loro diritto all'autodeterminazione. Tutto ciò ha gravi ripercussioni sia sul piano professionale che su quello personale: molti affermano di essersi sentiti denigrati, svalutati e considerati non per la conoscenza di cui sono portatori, ma per gli stereotipi che loro erano stati assegnati.

Sicuramente è importante capire le differenze tra le diverse origini della discriminazione. I pregiudizi e gli stereotipi «riducono drasticamente la complessità che definisce il carattere singolare della persona con questa formula mentale *solidificata* che porta a una *super-generalizzazione* vale a dire all'applicazione di stereotipi alle persone al di là di ciò che è legittimo»[51]. «Nessuno è senza pregiudizi, osserva J. Dewey e chi pretende di non averne, questa pretesa è la peggiore dei pregiudizi»[52]. Il problema sta nel fatto che è impossibile neutralizzare i pregiudizi con argomenti razionali; servono conoscenze e informazioni antropologiche che non solo legittimano le culture ma vanno contro l'inadeguatezza dei giudizi che stabiliscono gerarchie di valori per arrivare a riconoscere che tutti hanno uguale dignità: è questa la condizione di partenza dell'interculturale[53].

Il rischio è che questo continuo dipingere con giudizi negativi l'esperienza migrante, e di conseguenza i soggetti in diaspora, favorisce atteggiamenti di intolleranza e di ostilità. Invece un approccio interculturale che mira a un *"win-win"* passa attraverso proprio il superamento dello stereotipo.

Le connotazioni con accezione negativa sono tanto più accentuate quanto più il contesto in cui viene sostenuto lo stereotipo è chiuso in sé; anzi si sente debole e minacciato dalla presenza di persone che hanno origine diversa dalla propria, tracciando confini tacitamente od esplicitamente netti.

Questo può essere tuttavia superato dall'accettazione e dal confronto con l'immagine dell'altro che si legge nello sguardo del sé, nonché dalla piena assunzione di responsabilità nel farsi portavoce dello stereotipo,

---

[51] Camilleri, C., Vinsonneau, G. *Psychologie et culture: concepts et méthodes*, Colin, Paris, 1996, p. 60.

[52] Perotti, A. *Plaidoyer pour l'interculturel, Conseil de l'Europe*, Strasbourg, 1994, p. 94.

[53] Camilleri, C., Vinsonneau, G. *Psychologie et culture: concepts et méthodes*, Colin, Paris, 1996, p. 63.

che, se compreso, può essere superato. Conseguenza di pregiudizi e stereotipi nei confronti di persone di origine straniera è la violazione, in diversi contesti, del *diritto di comunicazione e informazione* (articolo 7).

Per coloro che hanno appartenenze culturali diverse dal contesto di accoglienza, non solo non c'è possibilità di trasmettere informazioni ma neppure di partecipare ad un'informazione pluralistica soprattutto attraverso la propria lingua.

In generale «il diritto di utilizzare una o più lingue di qualità implica libertà, responsabilità e diritti individuali nonché obblighi comuni di protezione. In quanto parte del patrimonio comune dell'umanità, queste lingue, tra le altre, richiedono "protezione pubblica"»[54].

Le possibili limitazioni legate alla conoscenza della lingua italiana potrebbero essere superate permettendo ai soggetti di esprimersi attraverso lingue veicolari, se non addirittura nella lingua madre - investendo nella presenza, soprattutto nei contesti di pubblica amministrazione, di mediatori linguistici e culturali.

Questo significa riconoscere come «il patrimonio linguistico di un individuo non è un sistema solido e immutabile, definito e stabilito una volta per tutte. È invece una costellazione fluida, nella quale l'egemonia di una lingua sull'altra, la gerarchia interna, il grado di padronanza assoluto e relativo, variano continuamente nel tempo e nello spazio»[55] potendo divenire un continuo veicolo di comunicazione e informazione.

I diritti culturali hanno pertanto un forte impatto sulla vita di una persona di origine straniera. In particolare, sempre per essere valorizzata, una persona deve veder rispettato quanto dichiarato nell'articolo 8, che concerne il *diritto alla cooperazione culturale*.

---

[54] Trad. it. Meyer-Bisch, P. *Les ressources culturelles, le bien commun et les futurs du droit l'éducation"*, in «LABO Idées de l'UNESCO - Les futurs de l'éducation», 15 février 2021. https://fr.unesco.org/futuresofeducation/ideas-lab/meyer-bisch-ressources-culturelles-biens-communs-futurs-droit-education.

[55] Favaro, G. *Parole, lingue e alfabeti nella classe multiculturale*, in «Italiano LinguaDue», 1, 2012, p. 253.

Attraverso procedimenti democratici i migranti hanno il diritto di partecipare all'elaborazione, alla messa in opera e alla valutazione di decisioni che li concernono e che hanno un impatto sull'esercizio dei diritti culturali. È chiaro che i migranti devono essere consapevoli di avere tali diritti che non vanno riconosciuti solo all'interno del proprio gruppo di amici e di connazionali ma esercitati ovunque per permettere a ciascuno di esporre liberamente le proprie idee.

Alla luce delle considerazioni finora esposte, il soggetto in diaspora, mobilitando le proprie competenze trasversali, fa propri i riferimenti culturali del Paese di accoglienza, nel momento in cui quest'ultimo sia in grado di renderlo soggetto di diritti. Questo permette al soggetto, in modo più o meno consapevole, di maturare un'identità plurale, che sarà punto cardine della nuova cittadinanza globale.

Cittadinanza sociale e dialogo interculturale

Il vissuto diasporico dei migranti fa loro oltrepassare il locale e il nazionale in una dimensione mondiale fondata sull'incontro e sulla coesione tra persone che esprimono le loro specifiche diversità culturali. Il migrante è l'attore principale delle future società interculturali, il cui sviluppo sarà caratterizzato anche dalla circolazione delle competenze.

Il contesto territoriale e lo spazio urbano, nella loro concreta articolazione tra spazi privati e spazi pubblici, sono in questi termini il luogo in cui la cittadinanza globale viene giocata.

Il luogo in cui il soggetto vive può divenire un dispositivo per i processi di integrazione sociale, soprattutto se si riferisce a quei luoghi comuni, che favoriscono l'incontro e il dialogo tra cittadini e allo stesso tempo si configura come spazio concreto in cui i diritti culturali vengono riconosciuti e rispettati.

Ciò emerge dagli ultimi articoli della *Dichiarazione di Friburgo*, che sottolineano come un concreto intervento dello Stato, attraverso le sue gerarchizzazioni ed istituzioni, possa portare benessere, sicurezza economica e facilitare la partecipazione attiva.

In particolare l'Articolo 9, *principi di gestione democratica,* sottolinea come il rispetto, la protezione e la messa in opera dei diritti enunciati nella *Dichiarazione* implicano degli obblighi per ogni persona e ogni collettività.

È evidente, come sottolineato anche nel *Libro bianco sul dialogo interculturale,* che «la partecipazione attiva di tutti i residenti alla vita pubblica della comunità locale contribuisce all'arricchimento della comunità stessa e favorisce l'integrazione»[56].

In questi termini è importante che si inneschino processi di riappropriazione del territorio da parte degli abitanti, attraverso la promozione di forme di democrazia dal basso.

Una governance che rappresenta «lo sviluppo dei diritti culturali fornisce una nuova prospettiva all'importanza del bene comune e dell'incrocio dei saperi nella loro diversità. Paradossalmente i diritti propriamente economici, in particolare il diritto alla proprietà, sono anch'essi un requisito per ottenere una governance democratica che riconosca concretamente i diritti, le libertà e le responsabilità di ciascuno»[57].

Questa attenzione è legata a quanto sottolineato nell'articolo 11, circa la *responsabilità degli attori pubblici.* In particolare, da parte dello Stato deve esserci un'attenzione ai processi decisionali, così da promuovere e farsi interprete di queste forme di democrazia dal basso a partire proprio dalle decisioni che coinvolgono direttamente i contesti in cui i cittadini agiscono, costituendo dunque un'importante traduzione di azioni concrete in campo territoriale. Ciò è possibile attraverso forme di

---

[56] Consiglio d'Europa, *Libro bianco sul dialogo interculturale «Vivere insieme in pari dignità»,* Strasbourg Cedex, 2008, p. 29.

[57] Meyer-Bisch, P., Gandolfi, S., G. Balliu (a cura di), *Sovranità e cooperazioni. Guida per fondare ogni governance democratica sull'interdipendenza dei diritti dell'uomo,* Globethics.net. Ginevra 2016, p. 39.

integrazione tra i diritti riconosciuti nella presente Dichiarazione, le legislazioni e le pratiche nazionali.

Nello stesso tempo gli attori pubblici devono essere disposti ad accogliere anche eventuali denunce riguardanti situazioni in cui i diritti culturali non vengono riconosciuti, offrendo spazi di dialogo, di supporto e soprattutto di sostegno affinché questi vengano invece rispettati.

È chiaro, dunque, come la democrazia richieda la partecipazione attiva da parte di tutte le persone alla vita pubblica, indipendentemente dalla loro provenienza. L'eventuale esclusione è ingiustificabile, anzi è un ostacolo a tutte quelle forme invece di integrazione e di dialogo interculturale, ma anche di rispetto dei diritti, che una società che si definisce democratica non può ignorare.

L'autorità pubblica e l'insieme delle forze sociali sono allora «incoraggiati a creare il quadro necessario al dialogo tramite *iniziative educative e disposizioni pratiche* che prevedano l'intervento di maggioranze e minoranze. [...] L'esclusione di chiunque dalla vita della comunità è ingiustificabile e costituirebbe un grave ostacolo al dialogo interculturale»[58].

Anche l'articolo 10, riguardante l'*inserimento nell'economia*, è di fondamentale importanza per tutelare tutte quelle espressioni culturali, che se non riconosciute rischierebbero di rimanere inespresse e di non avvalorare l'incontro e il dialogo interculturale.

Per superare eventuali forme di svantaggio, frutto dell'isolamento o dell'appartenenza ad un gruppo etnico, è necessario riconoscere il peso culturale dei beni e dei servizi, che devono favorire la possibilità di espressione di ogni persona, attraverso forme e modalità che le sono proprie.

---

[58] Consiglio d'Europa, *Libro bianco sul dialogo interculturale «Vivere insieme in pari dignità»*, Strasbourg Cedex, 2008, p. 43.

È allora *responsabilità delle Organizzazioni internazionali,* Articolo 12, la considerazione sistematica dei diritti culturali in stretta relazione con tutti i diritti dell'uomo.

È indispensabile che i cittadini migranti vengano supportati e indirizzati a una maggiore consapevolezza dell'importanza dei diritti dell'uomo iniziando ad agire parallelamente su quelli che incrociano il loro quotidiano.

In conclusione possiamo sostenere che per favorire la partecipazione alla vita pubblica dei soggetti in diaspora e rendere la vita collettiva più democratica e solidale, è indispensabile considerare che «le risorse culturali sono fattori necessari [...] per l'inclusione specificando non solo chi, ma anche cosa includere. Infatti, le persone non sono solo escluse a causa della povertà o delle loro origini etniche, ma anche perché sono esclusi le aspirazioni e i saperi di cui sono portatrici»[59].

---

[59] Trad. it. Meyer-Bisch, P. *Les ressources culturelles, le bien commun et les futurs du droit l'éducation,* in «LABO Idées de l'UNESCO - Les futurs de l'éducation», 15 février 2021. https://fr.unesco.org/futuresofeducation/ideas-lab/meyer-bisch-ressources-culturelles-biens-communs-futurs-droit-education.

3

LE OSSERVAZIONI DEI LUOGHI

Daniel Cabrini e Chiara Visini

In questo capitolo ci si è voluti soffermare sulle osservazioni effettuate dal gruppo di ricerca presso quei luoghi ritenuti centrali per la vita dei migranti a Bergamo. Il proposito è quello di focalizzarsi dapprima sul significato del fare osservazione, andando poi ad analizzare quegli elementi fondamentali per metterla in pratica. In questo modo vengono forniti quegli strumenti utili a comprendere le domande che stanno alla base dell'osservazione, la metodologia utilizzata e i risultati ottenuti.

3.1. Il concetto di osservazione e il diario di campo

Questo paragrafo è dedicato a definire cos'è, qual è l'oggetto e quali sono le caratteristiche dell'osservazione. Ci si è inoltre concentrati sull'osservatore, sul suo ruolo, sulle sue caratteristiche, sugli strumenti a sua disposizione e su come si è approcciato ai luoghi osservati.

L'epistemologia del termine

Il verbo osservare deriva dal latino *observare*, composto di *ob-* e *servare* «serbare, custodire, considerare».

Proprio per la molteplicità di significati che l'osservazione ha, non esiste un unico metodo per effettuarla, né esistono metodi sempre corretti per farlo. Esistono invece numerose possibilità e stili di osservazione, oltre che fattori da tenere sempre in considerazione. Per definirli al meglio è necessario esaminare le differenti sfaccettature di questa attività.

Per osservare è essenziale guardare fisicamente con gli occhi ma questo non è sufficiente, bisogna anche guardare con gli "occhi della mente", collegare, rielaborare, interpretare, scorgere dettagli impercettibili. Questo lavoro esula dalla fisicità dell'atto e richiede una preparazione accurata e oculata dell'osservatore.

L'osservatore

Il contratto di fiducia

Tra l'osservatore e il soggetto osservato si negozia un *"contratto di fiducia"* che permette alla persona osservata di superare le naturali diffidenze che possono nascere in un lavoro di tipo qualitativo come questo che richiede tempi adeguati e nessuna fretta[60].

L'osservatore deve riuscire ad essere naturale nell'osservare, senza dare troppo nell'occhio, senza mettere a disagio l'altro e senza cercare insistentemente un'interazione. Se l'altro decide di interagire è importante che l'osservatore sappia manifestare un genuino interesse per lui e per la sua storia, per la sua voglia di raccontare, di mettersi in gioco fornendo informazioni che possono anche esulare dall'oggetto specifico dell'osservazione.

---

[60] De Lauri, A., Achilli, L. *Pratiche e politiche dell'etnografia*, in: A. Monsutti, *Il bacio dell'etnografo tra dono di sé e uso dell'altro sul terreno*, Meltemi, Milano, 2008, p.40.

La relazione empatica

È fondamentale creare una *relazione empatica*, fatta di osservazione dei dettagli e di ascolto attento delle informazioni che questa ci permette di intravedere.

Chi fa ricerca, in genere, non può permettersi di interrompere e di riportare bruscamente la conversazione ai punti focali di suo interesse. Deve piuttosto "sacrificare" un po' di tempo per dare spazio, favorire l'espressione, lasciare aperta la porta all'altro, riportando solo in un secondo momento e in modo delicato la conversazione all'argomento centrale dell'osservazione. Spesso le informazioni più preziose non derivano da una dichiarazione ragionata e arzigogolata dell'altro, ma piuttosto dal contesto o da elementi apparentemente secondari che vanno spesso scovati con una spiccata capacità di vedere oltre[61].

La familiarità dei luoghi

Un altro aspetto importante da tenere in considerazione nell'interazione con i luoghi è quello della *familiarità*. Quando si interagisce con un ambiente nuovo, in cui non vi sono relazioni consolidate di fiducia, bisogna riuscire a creare una minima confidenza, sia con l'ambiente che con le persone, per riuscire a leggere il normale andamento del quotidiano. Qualora invece ci si trovi all'interno di ambienti conosciuti, è necessario decostruire questa familiarità e prendere le distanze dalle persone e dai luoghi. In questo caso infatti possono essere presenti un'intimità e una cordialità consolidate, fatte di rapporti prolungati e stabili o, al contrario, di pregiudizi e preconcetti. Superarli è necessario per poter leggere in modo più oggettivo ciò che si osserva e per riuscire ad ascoltare anche le voci che non si condividono[62].

---

[61] Per approfondire il concetto di osservazione: Meyer-Bisch, P., Bidault, M., *Déclarer les droits culturels*, Bruylant-Schulthess, Berne (Suisse), 2010.
[62] Goffman, E. *Il rituale dell'interazione*, Il Mulino, Bologna, 1988.

In alcuni casi, ad esempio, questo si è reso necessario per distaccarsi da preconcetti rispetto ad alcuni luoghi o ad alcuni atteggiamenti riscontrati durante l'osservazione in modo da renderla il più oggettiva possibile. Per farlo esistono alcune semplici tecniche che possono aiutare l'osservatore quali, ad esempio, l'evitare quelle osservazioni che risultano troppo generiche e focalizzarsi piuttosto su specifici contenuti.

Altri elementi fondamentali a cui prestare attenzione sono i dati sensibili e il rispetto della privacy[63], che, quando esplicitati, aiutano a creare un clima di fiducia e di distensione, superando la diffidenza che spesso si genera naturalmente a causa della paura del giudizio che può nascere nella persona osservata.

Gli oggetti dell'osservazione

Soggetti e Oggetti dell'osservazione

E' importante definire i soggetti e gli oggetti dell'osservazione che possiamo suddividere in quattro macro-categorie principali: le persone, gli ambienti, gli spazi, gli oggetti.

a.   Le persone

Rispetto alla prima categoria, le *persone*, possono essere osservati molti fattori che è necessario selezionare per isolare solamente quelli che saranno oggetto della nostra osservazione e da cui cercheremo di ottenere informazioni. Ad esempio possiamo focalizzarci sul genere, sull'età, sulla provenienza e su una serie di altri fattori: come si comporta il soggetto osservato, come si pone, che tono utilizza, quali domande fa ma anche dove si siede, come e con quale distanza.

---

[63] D.lgs 196/2003 "Codice per la protezione dei dati personali" e successive modifiche apportate dal D.lgs 101/2018 "Disposizioni per l'adeguamento della normativa nazionale alle disposizioni del regolamento (UE) 2016/679 del Parlamento europeo e del Consiglio".

Nell'osservazione gli elementi utili non provengono solamente dalle parole scelte per la comunicazione ma anche da altri fattori quali il capo d'abbigliamento scelto, la distanza fisica che viene mantenuta, i movimenti involontari del corpo, la direzione dello sguardo e la capacità di concentrazione. Diventa dunque fondamentale essere in grado di interpretare quegli elementi che ci vengono forniti dalla *comunicazione non verbale*.

b. *Gli ambienti, gli spazi e gli oggetti*

All'interno del luogo che stiamo osservando si possono raccogliere numerose informazioni sia oggettive che soggettive. Tra quelle oggettive possiamo concentrarci su com'è organizzato lo spazio, cosa contiene, chi lo frequenta. Tra quelle soggettive invece possiamo osservare come viene percepito quello spazio sia da parte dei lavoratori che dell'utenza che vi accede.

Secondo il sociologo Max Weber[64], i luoghi hanno una vita sociale. Secondo questa visione anche i luoghi pubblici possono dunque essere intervistati. Osservando come sono predisposti gli arredi, le sedie, i tavoli, com'è pensato lo spazio, possiamo capire le logiche di chi li ha progettati, il ruolo destinato all'utenza e ai lavoratori che vi accedono.

Nel corso della ricerca ci siamo concentrati sulle scritte sui muri, sui poster appesi, sul materiale informativo collocato sui tavoli. Negli uffici si è prestata attenzione alla disposizione degli spazi e degli oggetti in essi contenuti, alle fotografie presenti, ai disegni, alle scritte, all'arredo e ad altri dettagli che hanno raccontato la storia di quei luoghi, di chi li frequenta ma anche la logica e il punto di vista di chi li ha ideati e realizzati.

Il professor Monsutti ci presentò un esempio relativo ad un ufficio di un Ministero in Afghanistan, dove erano presenti una bandiera afghana,

---

[64] Weber, M. *Economia e società*, Donzelli, Roma, 2002.

un mappamondo e alla lavagna un disegno rimasto fisso per mesi. Tutto ciò rappresentava l'immagine che quell'istituzione voleva dare si sé[65].

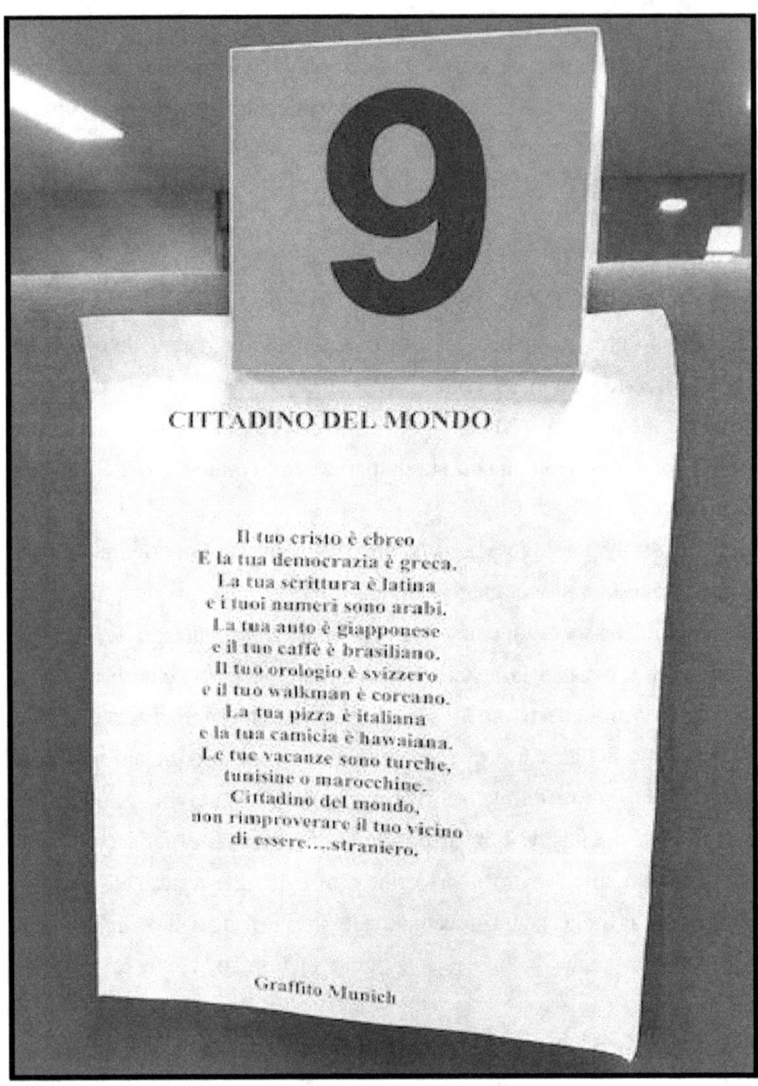

---

[65] Monsutti, A. *Verbale incontro del gruppo di ricerca del 20/07/2019*, Bergamo, 2019.

"CITTADINO DEL MONDO. Il tuo cristo è ebreo e la tua democrazia è greca. La tua scrittura è latina e i tuoi numeri sono arabi. La tua auto è giapponese e il tuo caffè è brasiliano. Il tuo orologio è svizzero e il tuo walkman è coreano. La tua pizza è italiana e la tua camicia hawaiana. Le tue vacanze sono turche, tunisine o marocchine. Cittadino del mondo, non rimproverare al tuo vicino di essere straniero. Graffito Munich".

Questo scritto caratterizza molto il luogo e rappresenta il pensiero dell'ente in cui il cittadino si trova a fare richieste. La scelta di esporlo è legata al tentativo di far passare un messaggio di apertura verso chi frequenta quel luogo e ciò può servire a mettere a proprio agio i cittadini facendoli sentire accolti e benvoluti.

Altri oggetti raccontano la cultura del luogo o i valori di riferimento dell'istituzione, senza per questo diventare esclusivi nei confronti di chi ha idee o abitudini differenti.

c.   Le interazioni tra persone e tra persone e ambienti

Ci focalizziamo ora sulle *azioni, sui comportamenti* messi in atto, sulle *attitudini* personali e *sui dialoghi* che avvengono nel contesto e osserviamo le interazioni che le persone presenti hanno tra di loro, con l'ambiente e con gli oggetti che le circondano. Ci si è concentrati, ad esempio, sul tipo di linguaggio utilizzato nei contesti istituzionali, sulla distanza mantenuta dalle persone che aspettano di accedere ad un servizio, sulla postura che assumono le persone che stanno interagendo con l'impiegato di un ufficio. Da questi aspetti si possono cogliere le emozioni delle persone, gli stati d'animo vissuti in quel determinato luogo ma anche i diversi rapporti di potere che vi sono all'interno del contesto osservato.

Anche il modo in cui si negozia l'ingresso in un luogo fa parte dell'osservazione perché sottolinea la possibilità o meno di regolazione di quello spazio. È importante capire qual'è la procedura per accedervi e osservare se vi è qualcuno di privilegiato oppure di ostacolato nel farlo[66].

Le diverse dimensioni dell'osservazione

L'osservazione è un'attività delicata e complessa nella quale vanno considerate molteplici dimensioni, tra cui le principali sono: statica, dinamica, pragmatica e simbolica.

La dimensione *statica* coincide col momento in cui si osservano il contesto, l'ambiente, gli elementi che restano fermi, che non mutano, che ci offrono una fotografia abbastanza oggettiva di quel dato oggetto. L'osservazione può essere *dinamica*, quando invece si focalizza sullo sviluppo delle interazioni, su quei fattori che si modificano man mano nel corso del tempo e con il susseguirsi degli eventi.

L'osservazione è *pragmatica* se considera la gestione dello spazio da parte dell'utenza di un servizio durante l'attesa oppure è *simbolica*, quando si concentra sul vissuto che caratterizza un determinato momento quale, ad esempio, l'attesa da parte delle differenti persone che aspettano in coda fuori da quello stesso sportello.

Nell'osservazione è fondamentale il ruolo rivestito dalla *comunicazione non verbale* importantissima per capire come le persone interagiscono tra loro utilizzando la gestualità, la posizione, il distanziamento che decidono di avere, le espressioni del volto o l'abbigliamento che hanno scelto per quell'occasione.

Per fare un esempio, un rifugiato che si presenta in Questura per il rinnovo del permesso di soggiorno sceglie accuratamente l'abito con il quale presentarsi: questo ci dice molto di lui, così come la posizione che assume nella sala d'aspetto.

---

[66] Monsutti, A. *Verbale incontro del gruppo di ricerca del 20/07/2019*, Bergamo, 2019.

La cassetta degli attrezzi

Quali sono stati gli strumenti che si sono rivelati di fondamentale importanza per il gruppo di ricerca nel lavoro di osservazione dei luoghi? Tali strumenti sono stati individuati, discussi ed elaborati dal gruppo nelle sedute plenarie preparatorie alla ricerca sul campo e in questa fase si è rivelato di straordinaria importanza il contributo del Prof. Monsutti, che ci ha accompagnato e supportato con la sua esperienza di docente e ricercatore sul campo[67].

Il Diario di campo

Strumento principe dell'osservatore per una ricerca di tipo qualitativo, nell'ambito di ricerche etnografiche e antropologiche, è il *Diario di campo*, ossia un quaderno dove appuntare meticolosamente le proprie osservazioni[68].

Nel nostro caso si è deciso di suddividere il quaderno in due parti: da una parte si scrive quanto di oggettivo è stato osservato dopo averlo ordinato e rielaborato: scene, conversazioni, annotazioni di quanto si è visto, cercando di riportarlo nel modo più fedele possibile.

Nell'altra metà, invece, si appuntano gli aspetti più soggettivi e personali che hanno guidato l'osservatore nel suo lavoro e che in qualche modo possono aver influenzato le sue considerazioni. Si appuntano, ad esempio, gli stati d'animo, le sensazioni provate di fronte ad una determinata situazione, gli eventuali accadimenti rilevanti da ricordare, anche a distanza di tempo oppure il perché di una certa reazione o di una percezione.

Questo modo di procedere ha permesso di "ripulire" l'osservazione, andando ad individuare e ad esplicitare quei fattori che possono aver guidato o "contaminato" una sua visione oggettiva, lasciando che una

---

[67] Monsutti, A. *Verbale incontro del gruppo di ricerca del 20/07/2019*, Bergamo, 2019.

[68] Ronzon, F. *Sul campo. Breve guida pratica alla ricerca etnografica*, Moltemi, Roma, 2008.

certa parte o un determinato fattore prendessero il sopravvento. Questi sono diventati, in una successiva rielaborazione, fattori che hanno arricchito le descrizioni e qualificato il lavoro. L'obiettivo non era dunque quello di cancellarli ma piuttosto quello di renderli espliciti e di esserne consapevoli, condividendoli anche con il resto del gruppo di ricerca nelle sedute in plenaria ed utilizzandoli per interpretare i risultati.

I Diari sono stati arricchiti da disegni e schizzi e completati in alcuni casi da fotografie dei luoghi osservati. Sono stati aggiunti anche pensieri postumi e riletture nate "a freddo", in un secondo momento rispetto all'osservazione.

Questo ha permesso di corredare gli scritti, le impressioni e gli stati d'animo con immagini che hanno potuto dare un'idea più precisa agli altri componenti del gruppo che non erano presenti, non solo, hanno anche permesso alla coppia di osservatori di rivedere, notare a distanza di tempo, alcuni particolari che potevano essere sfuggiti durante l'osservazione "a caldo".

Nel Diario di campo è stato importante annotare le condizioni di partenza, lo stato d'animo di quella giornata, come si sentiva l'osservatore rispetto a quel determinato luogo e gli eventuali problemi riscontrati all'arrivo o durante il lavoro.

È stato utile anche sottolineare come è avvenuto l'ingresso nel luogo di osservazione, se si era attesi ed in che modo, oppure se nessuno sapeva del nostro arrivo e se questo ha creato tensioni di qualche genere. Sono stati annotati anche le eventuali diffidenze riscontrate e il modo in cui sono state superate.

Importantissimo, è stato riportare con grande onestà la presenza a priori di eventuali pregiudizi nei confronti dello spazio che si andava ad osservare. Non ci sono limiti tra il personale e ciò che viene osservato, l'osservazione continua anche dentro ciascuno di noi, nel nostro "io" personale. L'importanza dell'annotare quanto citato sta nell'aiuto che questo genere di informazioni fornisce nella rielaborazione dei dati raccolti e nel confronto con il gruppo di osservatori negli incontri in plenaria. Questo perché aiuta ad individuare più obiettivamente i limiti o le eventuali rivisitazioni dovute a fattori esterni all'osservazione, che potrebbero condizionare o addirittura inficiare i risultati.

Non vi sono dunque un modo giusto e uno sbagliato nell'osservazione, vi sono molteplici fattori che si intrecciano con l'esperienza e la capacità dell'osservatore.

Ogni Diario di campo è unico sia perché ogni osservazione ha una sua caratteristica spazio-temporale, sia perché l'osservatore ha stati d'animo diversi, coglie spunti che altri non avrebbero colto oppure ai quali avrebbe dato meno importanza in altri momenti[69].

Riportiamo di seguito quattro esempi significativi di Diario di campo.

All'interno degli stessi sono presenti alcuni asterischi (***) laddove sono stati oscurati nomi propri, riferimenti ai luoghi delle osservazioni ed elementi che avrebbero potuto violare le norme sulla privacy.

---

[69] Monsutti, A. *Verbale incontro del gruppo di ricerca del 20/07/2019*, Bergamo, 2019.

✳✳✳ 25/11/13

| ✳✳✳   ✳✳✳

10 Sportelli aperti
1 sportellista con tratti orientali

Sportello ✳✳✳   n° ⑬ → (Senegal)

1) Ragazzo subsaariano, giovane
parla bene italiano, sposato
ben vestito, jeans, scarpe da
ginnastica, giacca blu.
Residente nella provincia di
Bg.
Buone conoscenze dei servizi
del territorio (conosce il ✳✳✳
Ore disoccupato.
Colloquia in modo fluido con
l'impiegato. Racconta di essere
un ex operatore dell'accogliente.
Presenta le richieste con ampio
anticipo.
Ottima organizzazione generale

Questo diario di campo riporta il disegno del luogo che l'osservatore, appena arrivato, ha deciso di raccontare con un'immagine prima ancora che con le parole.

Il disegno aiuta a visualizzare anche fisicamente lo spazio, cogliendone punti di forza e limiti e aggiungendo ulteriori impressioni nate dalla visione dell'osservatore.

Lo stesso sarà utilissimo anche in un secondo momento per permettere all'osservatore di rielaborare "a freddo" quanto osservato, rivivendo però in modo ancora nitido alcune sensazioni e alcune scene.

In altri diari l'osservatore ha deciso di dedicare solamente un breve spazio all'ambiente, per focalizzarsi piuttosto sulle persone e sulle interazioni, concentrandosi sulle emozioni e sulle riflessioni che sono nate.

Questo modo di procedere ha permesso di arricchire l'osservazione di tutta quella sfera personale che inevitabilmente vi rientra e la caratterizza; al tempo stesso permette di prenderne le distanze, per "ripulire" l'osservazione da alcuni elementi.

23/4/14 Lunedì
ore: dalle 14,30 alle 16,20
Osservatori: *** e ***
Luogo: *** , Bergamo

| Osservazione | Pensieri |

Osservazione

INGRESSO — ACQUISTO SCALE
DESK
SALA RIUNIONI
tavolo — PC DI CARLA ***
PANNELLI
cartelloni eventi
zona x consultazione cataloghi
PIANO TERRA

...cesso al desk dove
... sono 2/3 ***
...he sono disponibili
...er informazioni
...o divisione vetro.
...lta pubblicità di eventi
...tuale e volantini

Pensieri

È un luogo calmo
Ci hanno accolti in modo gentile.
Sapevano del nostro arrivo e si sono preparati
Ci ha accolto *** dicendoci di muovere liberamente negli spazi della ***
Abbiamo depositato le nostre cose negli armadietti

...rrivato dopo una mattinata intensa di lavoro. Ho fame.

Bambina di origine
asiatica che sta da
sola nella sala ragazzi

Circa 12 anni.
Usa il pc e disposizione
degli utenti senza
problemi. ~~Corse~~
Sa quello che sta
facendo.

È da un pò che è da
~~sola~~

Arrivo della madre.
Prendono ~~in~~ prestito un
libro. Non sento/vedo
quel che succede.

La madre mostra un
documento.

Parlano con il ***

Se ne vanno.

Sarà nata in Italia?
Avrà imparato ad
usarlo a scuola o
con i genitori?

È lì per la scuola e
perciò cerca qualcosa
per svagarsi?
Dove saranno i genit.

*** Corre vicino al
desk. Io osservo al
tavolo dietro e da.

Che libro sarà?

→ Avrà circa 40 an.
Vestita bene

Competenze: • Capacità di usare i servizi offerti
dalla ****
• Libertà di movimento
• Buon controllo dello spazio/tempi
• Proprietà linguistiche.

Questo diario riporta data e ora dell'osservazione, nome dell'osservatore, luogo osservato e altri dettagli che aiutano a catalogare il materiale raccolto. Una larga parte è dedicata ai pensieri scaturiti durante l'osservazione e una parte conclusiva invece è riservata all'individuazione delle competenze individuate nei soggetti osservati.

sono tutti seduti nella parte
posteriore * * * perché
è pieno ed è difficile spostarsi
o è una scelta?

• noto che la signora
italiana alza il tono
della voce per parlare
con la ragazza africana,
nonostante siano vicine

AUTONOMIA

Diario : sinistra

nigeriana tra i 50 e i 60 (al
telefono per tutta la durata del
***) tutti usano il cellulo
o ascoltano musica -

quando si libera il posto di fianco
alla signora italiana seduta da
vanti a me, quest'ultima chied
alla donna africana con il bam
bino in braccio (l'altra con il
passeggino nel frattempo è scesa)
"vuole sedersi, signora"?", ma
lei nel frattempo si era già .
mossa in autonomia per raggiun
gere il posto

***   (10 E ***)
***

presenti 5 persone incluse noi,

Diario: a destra

In questo Diario sono riportati i fatti osservati sulla destra e le annotazioni rispetto a dubbi e perplessità sulla sinistra.

Il tutto è stato discusso in plenaria dove la presenza di membri di origine straniera ha permesso una più completa interpretazione di alcune dinamiche.

La scelta di riportare la scannerizzazione di alcune parti dei quaderni nasce dalla necessità di coinvolgere il lettore nel lavoro di ricerca. Le pagine scritte di fretta servono a mostrare la metodicità del lavoro, estremamente personale e soggettiva, in cui l'intervistatore scrive di sé stesso sul quaderno per poi "a freddo", rivedere, reinterpretare e sistematizzare.

Non esiste un modo standardizzato di osservare, esistono punti di vista differenti. Per questo ogni luogo viene visitato da una coppia di osservatori, che una volta conclusa l'osservazione si prendono il tempo per una restituzione a caldo, per un confronto che li arricchisce, prima di rielaborare singolarmente il materiale raccolto.

Coppia
Parla benissimo italiano
È qui dal 2015.
Entra con un grande sorriso
Accompagnata da un altro ragazzo bianco che parla perfettamente inglese e bene italiano
Parla solo inglese
Hanno un problema con
***
Prepotenza degli uomini ***
Lei ha il ***
Lei si affida molto a lui
è in Italia da 9 anni
Parla benissimo italiano
Spiega molto bene la situazione
Ha una grande competenza linguistica
Sveltа
Molto attenta
Non ha mai i documenti
Padroneggia bene: documenti che ha fatto
***
Documenti in buste di plastica
Truccata / vestita bene
Del 1976

Frecce, parentesi, disegni, segni. Oltre alla grafica anche i segni danno un senso, creano una successione, spiegano un nesso. Sono tutti pezzi di un *puzzle* più complesso, che aiuta ad immergersi in quell'attimo, in quella data atmosfera, nella tensione di una scena.

In questa osservazione si riporta un episodio in cui un ragazzo americano accompagna una ragazza di origini asiatiche. Nel mezzo della stanza lui si alza, urla, espone a tutti il problema che ha riscontrato. E' una scena teatrale che irrita gli sportellisti che si vedono costretti a placarne l'esuberanza e la modalità, seppur scaturita da una giusta causa.

Si prendono poi il tempo per spiegare approfonditamente la dinamica all'osservatrice, inquadrando il fatto che altrimenti le sarebbe sfuggito.

In alcuni casi la collaborazione da parte degli impiegati dei luoghi è stata scarsa, nulla o si sono percepite addirittura delle perplessità nei confronti degli intervistatori. In altri casi invece è stata positiva. Nel caso specifico di questo Diario, una volta capite le motivazioni e le finalità della ricerca, gli impiegati si sono resi utili, consigliando a volte quale fosse il modo migliore per assistere ad alcune conversazioni, spiegando altre volte le dinamiche di alcune situazioni per permettere di capire meglio la complessità di ciò che stava accadendo.

Il fattore temporale

Affinché un'osservazione sia il più completa e descrittiva possibile è necessario prestare grande attenzione al *fattore temporale*, valutandone l'importanza e analizzandone i limiti.

In ogni contesto il tempo assume significati differenti. È necessario conoscere in anticipo quali sono i tempi dell'ambiente dove si effettua l'osservazione, quali sono i tempi delle persone che si osservano, quali sono le loro abitudini per evitare di arrivare a conclusioni affrettate e parziali.

«Non c'è tempo perso quando si fa ricerca e ci si deve prendere tutto il tempo necessario. La fretta è nemica dell'osservazione e rischia di impedirne la buona riuscita»[70].

Differenti punti di osservazione

Per poter effettuare un'osservazione completa ed esaustiva, può essere utile raddoppiare i *punti di osservazione*. Il fatto che gli osservatori siano molteplici e collocati in punti differenti dello spazio di osservazione, permette di moltiplicare anche i punti di vista e di differenziare il tipo di osservazione effettuata.

E' importante prevedere una fase di restituzione e di confronto una volta finita l'osservazione per integrare i differenti punti di vista e completarli, avendo una più ampia possibilità di lettura e di reinterpretazione degli elementi osservati.

Allo stesso tempo risulta utile il confronto in plenaria con tutti gli altri membri del gruppo, in modo da dare una restituzione che possa essere completata dalle domande, dalle suggestioni e dalle idee degli altri ricercatori[71].

La scelta dell'orario

Anche la scelta dell'*orario* dell'osservazione non deve essere lasciata al caso. Il fatto di recarsi in un certo luogo in un dato momento della giornata piuttosto che in un altro, può cambiare totalmente il risultato dell'osservazione. Alcune fasce orarie potrebbero essere molto congestionate, creando sovraffollamento nei luoghi, tensioni e situazioni caotiche. Questo ci è stato utile per osservare come vengono gestite le situazioni di stress, i flussi abbondanti di ingressi e l'organizzazione di spazi limitati. In altri momenti invece si possono trovare poche persone,

---

[70] Monsutti, A. *Verbale incontro del gruppo di ricerca del 20/07/2019,* Bergamo, 2019.

[71] Monsutti, A. *Verbale incontro del gruppo di ricerca del 20/07/2019,* Bergamo, 2019.

altre volte nessuna ed avere l'occasione per scambiare quattro parole in tranquillità con gli operatori presenti. Nei differenti momenti della giornata è necessario tener presente che cambia il target di persone che accedono ai servizi. Nel lavoro abbiamo tenuto conto delle differenze di ingresso di donne e uomini, di lavoratori e di pensionati, di famiglie con bambini: questi accedono ai servizi in momenti diversi ed è fondamentale conoscerli per programmare con efficacia i nostri tempi di lavoro e fissare adeguatamente gli appuntamenti.

Ogni dettaglio deve quindi essere pensato e ragionato nell'ottica delle finalità per le quali stiamo osservando e per il tipo di risultato a cui siamo orientati[72].

Luoghi osservati

Per realizzare queste osservazioni il gruppo di ricerca si è diviso in coppie per effettuare l'osservazione di alcuni luoghi. Il fatto che il medesimo luogo venga osservato da due persone è utile per confrontare i punti di vista e per un arricchimento reciproco.

I luoghi osservati sono i seguenti:
- 2 Biblioteche;
- 1 Questura;
- 8 Linee del trasporto pubblico;
- 1 Sportello anagrafe;
- 2 Sindacati;
- 1 CUP dell'ospedale.

L'accesso ai luoghi

La scelta è ricaduta su questi luoghi vista la centralità che hanno nella risposta ai bisogni delle persone in diaspora. Alcuni sono fondamentali e sono luoghi "inevitabili" per i servizi che offrono.

---

[72] Monsutti, A. *Verbale incontro del gruppo di ricerca del 20/07/2019*, Bergamo, 2019.

L'*accesso* a questi luoghi è sempre stato concordato con i responsabili dei differenti enti, nel rispetto della privacy del luogo e delle persone da osservare o intervistare. Non sempre l'autorizzazione a procedere all'osservazione è arrivata in modo celere, anzi, in alcuni casi sono stati necessari molteplici contatti per concordare tempi e modalità di accesso agli stessi. In alcuni casi non è stato possibile procedere con l'osservazione perché l'autorizzazione ad accedere agli stessi è stata negata.

La diffidenza nei confronti di un'osservazione esiste e può aumentare a causa del timore del giudizio che gli altri potrebbero dare del luogo o dell'operatore.

In alcuni casi, dopo un'iniziale resistenza, la collaborazione è stata ottima una volta che si è spiegato l'obiettivo della ricerca.

La griglia di riel aborazione

Le coppie di osservatori hanno effettuato le osservazioni utilizzando come primo strumento il Diario sopra descritto e questo ha costretto ogni coppia a sistematizzare il lavoro per renderlo chiaro anche a chi non era presente.

Un secondo strumento utilizzato è la *griglia di rielaborazione delle osservazioni*.

All'interno della griglia i dati sono stati riportati rispettando la domanda iniziale della ricerca.

La sua struttura è la seguente:
o   Macro titolo;
o   Luogo d'osservazione;
o   Data e ora;
o   Ambiente: fisico, relazionale, culturale, istituzionale. Cosa ho osservato, cosa non ho osservato e perché;
o   Stati d'animo dell'osservatore;

- o Oggetto dell'osservazione: ipotesi di provenienza, coppia genitoriale con minore/i, individuo (genere). Fenotipo, tipo di vestiario (cura di sé);
- o Competenze emerse dal cittadino migrante in diaspora (implicite o esplicite);
- o Competenze emerse dell'interlocutore istituzionale (competenze linguistiche, relazionali, conoscenze geografiche e storiche personali utili alla fruizione del servizio stesso nella relazione coi cittadini stranieri);
- o Criticità emerse durante l'osservazione: vincoli dell'osservatore, vincoli dell'istituzione osservata. I vincoli possono essere fisici (predisposizione dell'ambiente, barriere architettoniche) oppure di tipo organizzativo o relazionale;
- o Foto (allegare eventuali fotografie degli ambienti in formato JPG).

Riportiamo di seguito un esempio di griglia: Griglia 1)

TITOLO Una mattinata ***	

LUOGO	
***	

DATA/FASCIA ORARIA	
6 novembre 2019 - 08.00-11.30	

AMBIENTE E STATO D'ANIMO

Contesto luminoso, ordinato e pulito. Accogliente per quanto lo può essere. Lo spazio al pubblico non è personalizzato. Legno chiaro e illuminazione calda. Abbondante spazio tra gli sportelli e dove sono seduti gli utenti in attesa del loro turno. Due ingressi con un totem ad ogni ingresso, solo in italiano. All'arrivo ogni utente deve prendere un numero per poi accedere agli sportelli in base al numero preso. Il numero indica turno e tipologia di servizio a cui ognuno deve accedere.

Al nostro arrivo alle 08.00, a differenza di quello che pensavamo, ci sono pochi utenti. In effetti siamo un po' preoccupati per la nostra osservazione. Alle 09.00 aprono tutti gli sportelli e con essa arrivano "tutti" gli utenti.

Allo stesso orario arrivano due signore che aiutano gli utenti. Accompagnano gli utenti ad altri sportelli e/o indicano dove devono andare. Sono competenti e molto utili a tutti. Si evita quindi che le persone, dopo aver fatto la coda, arrivino agli sportelli con i biglietti sbagliati e debbano fare di nuovo la fila con un altro numero. Crediamo sia utile anche per creare un clima sereno e senza nervosismo da parte di chi sta davanti e dietro lo sportello.

L'impressione è di uno spazio molto ben organizzato.

Sorpresi in positivo dall'efficienza e dall'organizzazione dello spazio. In un contesto confuso, con tante persone e tante esigenze diverse, lo spazio e soprattutto i due volontari danno l'impressione di un servizio scorrevole che non presenta grossi problemi di nervosismo e agitazione. Gli operatori ed anche i volontari sembra non conoscano altre lingue.

NUCLEO OSSERVATO E PROVENIENZA

Signora Maghrebina

Con bambino piccolo, vestita con gonna e hijab, tutto marrone. Ha portato tutto il faldone. Sembra avere problemi a spiegarsi allo sportello; estrae tutta la documentazione che tiene in una cartelletta. Sembra non trovi i documenti necessari. Dopo un po' di tempo si guarda in giro e chiama una signora in attesa del suo numero. Più scura di pelle, lineamenti sottili, vestita con hijab con brillantini, jeans, borsa elegante con catena; un misto sportivo e tradizionale. Più giovane e più curata della signora che ha chiesto aiuto. Va allo sportello con la signora, parla con la sportellista in italiano e spiega alla prima signora nella sua lingua. Compila anche un modulo per la signora. Alla fine arriva anche il marito della prima signora che chiede a quella più giovane conferma su dove devono andare.

Famiglia Sikh- Figlia, mamma e papà

Padre, madre e figlia. Lei età scolastica (13 anni circa), quindi ha saltato la scuola per venire. Arrivano con i documenti in mano e la figlia e il papà guardano i documenti per capire che tasto premere. La mamma rimane dietro a guardare. La figlia vestita come un' adolescente con un giubbino giallo, capelli raccolti in una treccia, una ragazza solare e sorridente. Prende l'iniziativa e sembra più grande della sua età. La mamma vestita in modo non occidentale, molto colorata in giallo e fucsia, passiva con ruolo da passeggero osservatore. Lui con turbante e jeans. All'inizio la mamma e la figlia escono, il papà chiama e guarda il telefono. Sembra aver chiamato loro. Ritornano e la figlia si siede con la mamma e guardano la documentazione insieme. Poi il papà la chiama (lui è rimasto in piedi e rimarrà in piedi per tutto il tempo), lei va da lui, poi torna. Lui è agitato. Trasmette uno stress come nessun altro. Sembra voler sottolineare il proprio ruolo di guida. Uomo di comando (sembra quasi che sia più la sua incertezza che comanda lui). E' insicuro di aver preso il biglietto giusto, ne ha due in mano e va ad un sportello per chiedere. La figlia bada alla mamma e al papà.

Chiamano il suo numero. Allo sportello vanno la figlia e il papà. Lei parla con la sportellista dopo che il papà ha presentato i documenti. La mamma rimane seduta ma viene chiamata per firmare. Quando arriva la mamma, il papà si mette dietro loro due. Una volta finito prende il comando con la cartelletta in mano e guida la truppa fuori.

Signora con bambina

Signora di origini africane con una bambina piccola nel passeggino. Vestita sportiva, capelli ricci "in libertà". Prende il biglietto, la bambina e lei sono tranquille. Essendo una bambina così piccola è molto tranquilla (preparata bene dalla mamma prima di partire). I documenti necessari sono in una cartella con elastico. Una volta arrivata allo sportello parla con lo sportellista senza problemi. Dopo un po' anche la bambina vorrebbe vedere. Viene presa in braccio dalla mamma e l'addetta inizia a parlare con la bambina.

COMPETENZE DEL CITTADINO MIGRANTE IN DIASPORA

- **Problem solving**. Usano bene le risorse che sono a disposizione all'interno dello spazio nel quale si trovano. Questo in un contesto organizzato bene, ma comunque caotico per la presenza di diversi utenti.
- **Organizzazione** con i documenti raccolti in cartellette: bisogna tenere tutto pronto. Questo vale anche per le persone che magari non sapevano bene quali documenti portare e quindi hanno portato tutto. Importanti sono l'uso della cartelletta e l'attenzione nel tenere tutto.
- **Gestione del tempo** con telefonate e preparazione documenti.
- **Appoggio e sostegno** per i genitori nell'incontro con l'istituzione.
- **Padronanza della lingua** italiana e di altre lingue.
- **Mettersi a disposizione**, aiutare altre persone che hanno bisogno di un aiuto.

COMPETENZE DELL'IMPIEGATO ALL'INTERNO DELL'ISTITUZIONE

- Non è stata effettuata un'osservazione per capire come si comportano i dipendenti. Comunque non si sono visti episodi o situazioni di agitazione da parte di nessuno.
- Pazienza e calma.

CRITICITÁ DELL'ISTITUZIONE E DELL'OSSERVATORE

- Dell'osservatore:

Lo spazio tra l'osservatore e gli osservati.

Abbiamo fatto solo un'osservazione.

- Dell'istituzione:

Sembrava che non ci fossero molte competenze linguistiche, ma solo l'italiano. Questo anche per i volontari che guardavano i documenti e indicavano il numero, eventualmente accompagnavano persone per indicare loro dove andare.

3.2. Le capacità e le competenze emerse: implicite – esplicite

Il primo obiettivo del nostro lavoro è stato quello di osservare quali *capacità* e quali *competenze* venivano messe in campo dai cittadini in diaspora nell'accesso a questi luoghi istituzionali della vita bergamasca.

E' importante premettere che il campione osservato è limitato e le conclusioni a cui siamo arrivati, anche se parziali, permettono di definire un panorama generale di accesso ai servizi, le dinamiche che in quei servizi vengono messe in campo, i pregi e le lacune degli stessi. Il fatto poi di identificare competenze e capacità può servire come spunto di riflessione anche per gli operatori che nei servizi sono così oberati di lavoro o abituati a determinate *routine*, da non riuscire più ad osservarle e a tenerne conto. Speriamo allora che questo lavoro possa essere anche un materiale di supporto o uno spunto per l'inizio di un percorso formativo.

E' importante sottolineare che competenze e capacità non sono sempre emerse in modo esplicito, definito nel dettaglio e chiaro all'interno di un *setting*. E' capitato in molti casi che fossero piuttosto implicite e che fosse l'osservatore, nell'atto di osservare e interpretare una situazione, a definirle.

Le potremmo allora suddividere come segue:

- Quelle *esplicite* sono competenze e capacità facilmente osservabili perché espresse attraverso i gesti e le azioni concrete. Durante le osservazioni alcuni aspetti sono balzati agli occhi in modo trasversale ai vari osservatori, indipendentemente dal luogo osservato.

- Quelle *implicite* sono più sottili e vanno osservate all'interno dell'interazione tra il soggetto in diaspora e il contesto in cui si trova. Queste capacità e competenze sono state nominate da vari osservatori e individuate all'interno delle varie realtà osservate. Non vi è stata una loro identificazione all'interno di specifiche situazioni ma piuttosto una loro generalizzata presenza durante l'interazione dei migranti con gli enti e con il personale presente negli stessi. Sono maggiormente soggette ad interpretazioni personali dell'osservatore.

Capacità culturali

Sono le «*capacità di partecipare a dei riferimenti culturali: accesso, pratiche, contributi. Lo sviluppo di questa capacità, o "potere culturale", è vissuto come una liberazione dall'ignoranza e dai suoi limiti.*

A livello individuale, queste capacità sono al cuore della dignità umana, poiché essa è alla base dell'esercizio di tutte le libertà e responsabilità fondamentali, compresa quella di rivendicare i propri diritti. A livello collettivo, le possiamo identificare come quelle capacità che condizionano la legittimità e l'efficacia dell'organizzazione.

Una capacità culturale è una capacità personale e condivisa di provare gioia nell'ammirare qualcosa, nella libertà di giudizio e di valutazione.

È la liberazione nel riconoscere i desideri interiori di sapere (amare per conoscere e saper amare), emancipazione attraverso l'esperienza del legame fecondo e necessario tra l'intimo (il foro interno) e l'esterno (l'intimo condiviso attraverso la creazione e lo scambio di espressioni).

L'effettività (godimento) di ogni libertà / diritto culturale corrisponde alle capacità culturali»[73].

Di seguito riportiamo le capacità culturali emerse.

Determinazione/resilienza

La determinazione fa parte delle capacità umane che più di ogni altra può incidere sui successi, soprattutto se si proviene da un altro Paese e da un'altra cultura, con altri modelli istituzionali di riferimento e con altre modalità di rapportarsi. Nel corso della nostra ricerca questa capacità è stata osservata numerose volte, spesso implicitamente. La persona in diaspora ha a che fare con una realtà completamente differente da quella da cui proviene e pian piano apprende a vivere in questa nuova "casa".

E' importante, per chi cambia dimora, trovare modalità per apprendere il più rapidamente possibile, sia attraverso il confronto con altri che magari hanno fatto lo stesso percorso, sia apprendendo direttamente dalla nuova realtà.

La persona in diaspora, quindi, non può arrendersi ai primi segnali di difficoltà, deve rialzarsi ogni volta che è necessario e accettare il disagio del cambiamento di vita e di luogo. Questo si intende con il termine resilienza[74]. A volte può creare un senso di frustrazione ma è importante per le persone in diaspora focalizzarsi sull'obiettivo che le ha spinte ad affrontare un mondo nuovo senza però lasciarsi alle spalle la propria terra e il proprio Paese.

---

[73] Meyer-Bisch, P. *Diasporas interculturelles et démocraties, Fiche de travail pour les ateliers du 20/10/2020,* Fribourg (Suisse), pagg. 1-2.

[74] Malagutti, E. *Educarsi alla resilienza come affrontare crisi e difficoltà e migliorarsi,* Erikson, Trento, 2005.

Dalle osservazioni si è colta spesso una forte determinazione per raggiungere l'obiettivo ma allo stesso tempo un'enorme flessibilità nella scelta della strada per raggiungerlo.

Organizzazione

E' la capacità di mettere in atto decisioni utili a raggiungere uno o più obiettivi, come ad esempio individuare e organizzare i documenti da portare agli appuntamenti per ottenere il servizio. Come riporta un osservatore "questo vale anche per le persone che magari non sapevano bene quali documenti portare e quindi hanno portato tutto. L'uso della cartelletta e l'attenzione nel tenere tutto".

Vi è una grande capacità di reperire informazioni circa il materiale necessario per accedere a determinati servizi e una grande capacità di prevedere cosa potrebbe tornare utile.

Problem solving

Per *problem solving*[75] si intende un'attività finalizzata all'analisi e alla risoluzione dei problemi usando tecniche e metodi adeguati. Questa capacità è trasversale e va a toccare altre capacità e competenze. Nei casi osservati è stato notato che le persone in diaspora "usano bene le risorse che sono a disposizione all'interno dello spazio nel quale si trovano".

Questa capacità è emersa spesso durante l'utilizzo dei servizi, che a volte risulta di difficile comprensione anche per gli autoctoni oppure durante le relazioni non sempre facili con gli sportellisti.

Anche la tecnologia ha aiutato le persone in difficoltà a reperire informazioni o documenti mancanti.

---

[75] Milana, M. *Everyday problem solving e apprendimento in età adulta definire, rilevare e promuovere lo sviluppo delle competenze per la vita*, Nuova Cultura, Roma, 2010.

Conoscenza del territorio/autonomia

E' stato riconosciuto in diverse osservazioni che i cittadini in diaspora conoscono molto bene la realtà territoriale in cui vivono, in particolar modo la città di Bergamo e i Comuni limitrofi. Le persone osservate sanno già o non hanno difficoltà a capire dove si trovano altri sportelli o servizi utili al soddisfacimento dei propri bisogni. Allo stesso modo è stata osservata in diverse circostanze un'ottima capacità di muoversi nel territorio, sia a livello logistico, sapendo bene come e dove spostarsi, che a livello di obiettivi, sapendo dove andare e a chi rivolgersi per risolvere un dato problema.

Tecnologia/informatica

In diverse occasioni la tecnologia ha accompagnato il cittadino durante l'utilizzo del servizio, come riportato ad esempio in una delle osservazioni, in cui una bambina di circa 12 anni utilizza senza alcun problema il pc messo a disposizione dal servizio per cercare il materiale di cui ha bisogno. La tecnologia è stata poi di aiuto in molti casi per affrontare le lunghe attese a cui si va incontro prima di accedere agli sportelli o durante l'utilizzo del servizio per ottenere ulteriori informazioni o documenti. Questa capacità è sicuramente più utilizzata dalle giovani generazioni, tuttavia interessa anche le generazioni più anziane.

Gestione dell'attesa

Spesso capita che gli utenti debbano aspettare per lungo tempo la chiamata dello sportello. La capacità emersa nei cittadini in diaspora osservati è quella di riuscire a gestire in modo sereno e pacato questo tempo.

Ciò, in gran parte dei casi, deriva da un'attitudine positiva nei confronti di questo genere di situazioni e da una concezione differente del tempo e dei tempi di attesa nelle culture d'origine.

Ad esempio, in una delle osservazioni è emersa questa capacità da una famiglia con un figlio piccolo: "attendono in coda senza problemi (aspettano in silenzio, anche la bambina è calma e resta in braccio a mamma e a papà senza piangere). Allo sportello la sportellista si allontana senza dire nulla. Anche tra la fine del primo sportello e l'attesa del secondo attendono con calma".

In alcuni casi la gestione dell'attesa è trasversale al rispetto del luogo e dell'istituzione, ad esempio quando "... le persone presenti tendono a stare in silenzio" o i componenti di una famiglia di 5 persone "parlano sempre in modo sommesso e senza alzare la voce".

Competenze culturali

Sono quelle capacità *riconosciute e provate di appropriarsi dei riferimenti culturali*, accedendo alle loro risorse, praticandole e contribuendovi.

«E' un funzionamento (capabilities) di più capacità che si rafforzano a vicenda (empowerment) e che sono riconosciute da se stessi, dagli altri e dalle istituzioni (habilitation). Come la capacità, anche la competenza si declina sia a livello collettivo che individuale»[76].

La competenza è un nodo di capacità che si esplicita mediante argomentazione, costituzione di prove, dimostrazione, produzione e esposizione di opere (esposte alle critiche).

Ogni responsabilità culturale implica l'acquisizione di capacità per rispondere ai diritti e alle libertà culturali di se stessi e degli altri. Le competenze culturali emerse sono:

Linguistica

La maggior parte delle persone osservate dimostrano buone *competenze linguistiche* e interagiscono con il personale presente nelle istituzioni senza problemi. Si è osservato che i pochi migranti che

---

76 Meyer-Bisch, P. *Diasporas interculturelles et démocraties, Fiche de travail pour les ateliers du 20/10/2020*, Fribourg (Suisse), pag. 1.

non conoscono l'italiano arrivano generalmente già accompagnati da amici, figli o altri parenti, oppure chiedono aiuto a qualcuno che conosce la loro lingua e parla l'italiano. L'importanza della lingua per l'autonomia individuale emerge in modo evidente in questi casi, perché sottolinea la difficoltà di poter interagire con il contesto. Balza all'occhio in alcuni casi l'importanza dell'appoggio dei figli nei confronti dei genitori nell'incontro con le istituzioni. Questo crea spesso problemi di disparità all'interno delle famiglie perché stravolge il peso ed il ruolo dei genitori che, spesso, soprattutto se donne, sono in una condizione di dipendenza dai figli.

Utilizzo dei servizi

È stata individuata una generalizzata *competenza nell'utilizzo dei servizi offerti*. A titolo di esempio possiamo citare un'ottima conoscenza di quali siano i servizi più appropriati da utilizzare per sbrigare determinate pratiche all'interno del sistema burocratico italiano, che risulta essere molto complesso anche per gli stessi italiani.

Dal lavoro sul campo risulta che è stata osservata la "capacità delle madri di scegliere dei luoghi adatti ai bambini non solo per il gioco ma anche per l'informazione e la cultura" oppure ancora "un buon utilizzo degli strumenti tecnologici messi a disposizione all'interno del luogo osservato".

Adattamento

Per raggiungere i propri obiettivi i cittadini in diaspora hanno bisogno di adattarsi al nuovo luogo e alle nuove regole. Questa competenza, che sta alla base di diverse altre competenze, nasce in parte spontaneamente nelle persone e in parte è "forzata" perché funzionale agli obiettivi da raggiungere.

Alcuni esempi ripresi dalle griglie di rielaborazione: "la donna con il velo parlava con lo sportellista. Il marito era un po' staccato dallo sportello. Parla perfettamente l'italiano" o quando, osservando una famiglia dell'est Europa: il "padre fa un gesto di affetto alla madre in pubblico".

Le competenze interculturali

«*È interculturale una competenza che sfrutta i confini tra i vari riferimenti. Nei confini compaiono sia le specificità di ogni sapere che i loro contrasti. Come per lo sguardo, una competenza interculturale coglie la realtà "in rilievo", con almeno due discipline, due persone, due pratiche.*

L'interculturalità è la condizione dell'arricchimento e quindi della pace. Sia la ricchezza che la pace sono valorizzazione delle risorse, a cominciare dalle persone, nelle loro diverse diversità»[77].

Le competenze interculturali emerse dalle osservazioni sono:

Solidarieà/gentilezza

Dalle osservazioni risulta molto evidente che nelle situazioni di bisogno i migranti si aiutano e difficilmente ci si vede negare una risposta ad una richiesta di aiuto. Vi è una grande consapevolezza del fatto che il non parlare bene la lingua, il non conoscere le regole del funzionamento dei servizi genera difficoltà. Sia il fatto di averle vissute in prima persona che la grande predisposizione all'aiuto, importante risorsa della propria cultura di appartenenza, li porta ad aiutare gli altri a evitare questo disagio. Queste situazioni creano un legame e una solidarietà molto forti tra le persone.

Rispetto delle regole

E' stata notata in diverse osservazioni ed è una competenza legata al rispetto delle regole del luogo che si rapporta ad altre capacità e competenze osservate, quali ad esempio la gestione dell'attesa, l'autocontrollo o la pazienza.

---

[77] Meyer-Bisch, P. *Diasporas interculturelles et démocraties, Fiche de travail pour les ateliers du 20/10/2020*, Fribourg (Suisse), p. 3.

A volte il rispetto delle regole del luogo passa dall'utilizzo del servizio, come ad esempio quando le madri con figli piccoli, per non creare disturbo ad altri utenti, utilizzano gli spazi dedicati ai bambini, unendo così la libertà di movimento all'attenzione ai bisogni altrui.

Altre volte, invece, il rispetto delle regole ha una valenza "superiore", ossia non ricade direttamente sul luogo in cui si trova il migrante che sta attendendo o sulle altre persone presenti. Fa riferimento piuttosto al benessere della collettività, al rispetto del Paese che li sta accogliendo, all'osservanza delle regole generali. E' questo il caso riportato di una "badante boliviana che voleva chiarimenti sul suo lavoro. Per contratto deve lavorare 40 ore settimanali e in realtà ne lavora 54". Ciò in ossequio alla normativa nazionale sul lavoro, onde evitare di generare "lavoro sommerso" (in nero) e togliere quindi alla collettività denaro che serve a garanzia del buon funzionamento dei servizi pubblici.

Ascolto

Si osserva generalmente una buona competenza di ascolto. Il migrante in diaspora, nella maggior parte dei casi, si rivela un interlocutore attento alle informazioni che vengono via via date dagli operatori, pronto a chiedere ulteriori dettagli, tendenzialmente già abbastanza informato e non esita a portare esempi di esperienze fatte da connazionali per cercare di capire se si tratta di vie percorribili anche nel suo caso specifico.

Ccompetenze relazionali

Si tratta di competenze osservate in modo trasversale in molti setting differenti. Si nota che i migranti in diaspora, in molte delle varie situazioni osservate, sfoggiano un'ottima competenza di relazionarsi con l'operatore, sia nei modi di fare (pacato, gentile, aperto all'ascolto) che nelle capacità di intessere una buona relazione con chi ha di fronte (ringrazia, aspetta, ascolta con attenzione, non si vergogna di chiedere di nuovo se non ha capito). Questo permette in moltissimi casi una comunicazione fluida e un buon livello di scambio, in un clima sereno e di apertura.

3.3. I diritti riconosciuti – violati

Il secondo obiettivo delle nostre osservazioni è un'analisi dei *diritti culturali.*

Collegandoci alle ipotesi della ricerca, abbiamo provato a cogliere quali diritti culturali delle persone in diaspora sono *riconosciuti, negati* oppure *violati* all'interno dei contesti pubblici.

- Per *diritti riconosciuti* si intendono quei diritti che vengono garantiti al soggetto in diaspora. Nel caso in cui il diritto venga riconosciuto ma non rispettato si parla di violazione del diritto.
- I *diritti violati*, sono i diritti che non vengono riconosciuti e che quindi non sono effettivi.
- Nel caso in cui l'interlocutore decida di non prendere in considerazione in modo assoluto il diritto del soggetto in diaspora si parla di *diritto negato*. È la violazione più grave di un diritto poiché non viene riconosciuta la persona come soggetto. Il diritto viene violato fino alla sua completa cancellazione.

Come osservare un diritto

Nell'osservazione dei diritti abbiamo preso come punto di riferimento la *Dichiarazione di Friburgo sui Diritti Culturali* (in Allegato) e attraverso le osservazioni svolte abbiamo visto come tali diritti vengono riconosciuti e rispettati, violati o negati all'interno degli enti e dei loro servizi.

Abbiamo osservato anche i *lavoratori dell'ente* e la *relazione* scaturita dall'incontro con gli utenti in diaspora.

Lo *spazio fisico* ci racconta una parte dell'identità dell'ente e come o che cosa il servizio vorrebbe comunicare all'utenza che lo utilizza. L'ambiente potrebbe anche essere molto o poco accogliente, ma le persone che vi lavorano possono dimostrare gentilezza, rispetto, supporto o attenzione. Molto importante è stato capire il rapporto instaurato dal dipendente con il soggetto in diaspora, sulla base di caratteristiche quali il sesso, l'età, la provenienza, l'abbigliamento, il livello di conoscenza della lingua italiana. Attraverso questi aspetti l'identità dell'ente stesso cambia e con essa anche il riconoscimento, il rispetto, la violazione o la negazione di un diritto culturale.

È soprattutto nell'interazione tra il soggetto ed il contesto che lo circonda che emergono le diversità e le caratteristiche del luogo e delle persone. Ed è dentro questo continuo dialogo tra l'ambiente, l'interlocutore e la persona in diaspora che ci si accorge del rispetto di un diritto. L'interazione sociale nell'ambiente osservato è ciò che ci racconta l'evoluzione del rispetto dei diritti culturali in un determinato contesto temporale e spaziale.

Lo spazio e l'interazione sono quindi essenziali per valutare il rispetto della dignità e della diversità culturale della persona, sia essa in diaspora oppure no.

Diritti culturali riconosciuti

Per quanto riguarda i diritti riconosciuti, viene effettivamente riconosciuto il diritto sancito nell'articolo 5 della Dichiarazione di Friburgo *"Accesso e partecipazione alla vita culturale"*, soprattutto all'interno delle istituzioni maggiormente legate alla cultura, ad esempio le biblioteche.

Sono state osservate le opportunità di partecipare alle attività organizzate da alcuni enti ma anche di crearle in collaborazione con l'ente stesso. Gli operatori di tali servizi hanno dimostrato attenzioni particolari nei confronti dei soggetti in diaspora.

Negli enti più vicini agli aspetti socio-culturali sono maggiormente garantiti in particolar modo la *libertà di esprimersi*, pubblicamente o in privato, *nella o nelle lingue di propria scelta.*

Ovviamente non è la garanzia di impiegati multilingue a far sì che questo diritto venga rispettato, bensì la possibilità per il cittadino in diaspora di accedere a modalità semplificate di comunicazione allo sportello. Ciò può avvenire sia tramite la formazione linguistica e culturale degli impiegati, apprendendo a livelli sufficienti almeno le lingue internazionali quali inglese, francese, spagnolo o arabo, oppure, ancora meglio, garantire in alcune fasce orarie la presenza di mediatori linguistici che possano fare da ponte tra il cittadino in diaspora e l'ente. Come riporta un'osservatrice "La mediatrice della cooperativa *** è molto attenta e disponibile a prevenire anche le possibili difficoltà o esigenze delle persone presenti nella sala d'attesa. Non aspetta che siano le persone ad interfacciarsi con lei ma prende spesso l'iniziativa con professionalità".

"Il mediatore che in fondo al corridoio aiuta le persone mentre la mediatrice della cooperativa *** si muove con destrezza nell'ambiente, dà informazioni e gestisce la fila".

Sempre relativamente all'articolo 5, si nota che solo in alcuni contesti osservati è garantita la libertà di esercitare le proprie pratiche culturali e di avere un modo di vita che tenga conto della *valorizzazione delle proprie risorse culturali*, in particolare dell'utilizzo, della produzione e della diffusione dei beni e dei servizi e della libertà di sviluppare e di condividere conoscenze, espressioni culturali, di condurre ricerche e di partecipare alle diverse forme di creazione, nonché ai suoi benefici.

In alcuni casi è stato osservato il riconoscimento del *diritto* all'articolo 6 della Dichiarazione di Friburgo *"Educazione e formazione"*, la *possibilità di educarsi e formarsi ed educare e formare al rispetto delle identità culturali.* Ogni attore è considerato portatore di saperi da trasmettere agli altri.

Alcuni enti, principalmente legati agli ambiti socio-culturali, hanno diversi materiali e libri in lingua. Questo per permettere anche ai giovani delle seconde o terze generazioni di migranti, oppure agli italiani interessati, di leggere, informarsi e approfondire i diversi contesti culturali dei propri genitori o nonni oppure di chi sta loro accanto in questo Paese.

Anche per quanto riguarda l'articolo 7 della Dichiarazione di Friburgo *"Informazione e comunicazione"* alcune pratiche permettono alle persone di sviluppare le proprie *capacità e competenze e di meglio informarsi e di informare gli altri.*

Diversi enti permettono agli utenti di informarsi tramite volantini o manifesti, spesso in lingua italiana e solo in rari casi in una lingua straniera. Come riportato da un osservatore "Al piano terra vi è l'ingresso con il desk. Ci sono due o tre persone che sono disponibili anche per informazioni. Non sono separati dal vetro e nemmeno chiusi in una stanza. Ci sono dei ripiani all'ingresso con molti volantini e pubblicità di eventi culturali e attività interessanti. Dietro al desk c'è uno spazio per la consultazione del catalogo e dei pannelli con cartelloni di eventi o attività culturali".

Rispetto alle informazioni sull'utilizzo del servizio è stato riscontrato in un caso che due signore aiutano gli utenti nella scelta del numero e della visita sul *totem*. Presumiamo che siano due volontari che accompagnano gli utenti ad altri sportelli e/o indicano loro dove devono andare. Si evita quindi alle persone di fare la coda due volte.

Il rispetto e il riconoscimento dei diritti sono in primo luogo garantiti dalle persone che si trovano in posizione di potere, gli sportellisti e gli impiegati dei servizi, i quali hanno la possibilità di scegliere come comportarsi con l'utenza.

Anche l'accoglienza che è stata offerta agli osservatori ha inciso sulla qualità dell'osservazione.

In alcuni casi i dipendenti, già carichi di lavoro, "non sono stati avvertiti del nostro arrivo ed hanno reagito bruscamente alla nostra richiesta di accedere al servizio come osservatori". Anche queste situazioni sono state gestite con professionalità e collaborazione ma avrebbero potuto intaccare il lavoro e la riuscita dell'osservazione.

Anche gli spazi e gli oggetti facilitano il rispetto dei diritti. Un'osservatrice ha notato che "l'ambiente non è molto grande ma lo spazio è ben utilizzato. La presenza di un credo sui diritti umani è ovunque". Un ambiente di questo tipo permette alla persona che vi accede di sentirsi accolta, di creare un clima di fiducia e di aprire le porte ad una buona comunicazione e ad un'ottima collaborazione.

Diritti culturali violati e negati

Difficilmente si riescono ad individuare i diritti violati guardando solo le competenze del migrante tolto dal suo contesto. In alcuni casi la percezione del migrante da parte dell'impiegato del servizio sembra creare un'idea orientata a pensare a quella persona come "ad uno straniero", facendosi già un'idea delle sue caratteristiche e della sua appartenenza. Ciò contrasta con ciò che è inserito agli articoli 3 e 4 della Dichiarazione di Friburgo *"Identità e patrimoni culturali"* e *"Riferimento alle comunità culturali"*.

La persona in diaspora deve poter *scegliere la propria* o le proprie *comunità culturali* che possono essere diverse in base alla situazione e alle persone con cui ci si trova. Il fatto che venga imposta un'appartenenza è una violazione del diritto all'identità, violazione dell'articolo 4.

In molti casi abbiamo riscontrato la *mancanza o l'inesistenza di competenze linguistiche all'interno dell'ente*. Questo fa sì che le informazioni fornite attraverso i *dépliant*, i *totem* posti all'ingresso e i cartelli con le indicazioni all'interno della struttura, risultino scritti solo in italiano.

Ciò non vuol dire che non esista una consapevolezza del diritto da parte dell'ente, ma che, all'interno degli uffici pubblici, non sempre esistono materiali e strumenti informativi in diverse lingue per garantire il diritto all'articolo 7.

Un' informazione pluralistica e in diverse lingue è un segnale di rispetto della diversità culturale da parte dell'ente, che in molti casi abbiamo riscontrato non esserci. In alcuni casi il *diritto è violato*, in altri *completamente negato*.

L'articolo 7 viene violato perché la persona in diaspora non vuole creare conflitti con il funzionario a causa del potere e del ruolo istituzionale di quest'ultimo.

Infine, viene a mancare la responsabilità degli attori pubblici come riportato all'articolo 10 della Dichiarazione di Friburgo "*Inserimento nell'economia*".

Non sempre i diritti culturali contenuti nella Dichiarazione di Friburgo vengono violati o negati di proposito. Nella maggioranza dei casi abbiamo osservato che si è consolidata una prassi relazionale o lavorativa che mette le persone in diaspora in *situazioni che non rispettano i suoi diritti culturali*.

Ciò per diversi fattori, il principale dei quali è la *non conoscenza dei diritti culturali* sia da parte del dipendente dell'istituzione, sia da parte del cittadino in diaspora.

In base alle osservazioni si potrebbe affermare che non esiste una *consapevolezza del diritto culturale* e quindi un mancato rispetto all'articolo 6. Il cittadino non è informato sul proprio diritto di avere un'educazione che contribuisca allo sviluppo della propria identità culturale.

In questo contesto possiamo attribuire una maggiore responsabilità ai *servizi pubblici* che rappresentano e rispecchiano lo Stato italiano.

Abbiamo purtroppo osservato una *forte mancanza* da parte di questi enti nel rispettare i diritti culturali. Proprio in quanto enti pubblici dovrebbero invece avere una maggiore attenzione a questa tematica.

La responsabilità degli enti pubblici nel garantire, rispettare e contribuire al rispetto e allo sviluppo di questi diritti è minima e ciò rende più deboli i principi democratici, diminuendo la possibilità di inserimento nell'economia e venendo meno al rispetto e alla responsabilità che hanno gli attori pubblici. Si osserva quindi una *violazione* degli articoli 9, 10 e 11 della Dichiarazione di Friburgo "*Principi di gestione*", "*Inserimento nell'economia*" e "*Responsabilità degli attori pubblici*".

Il lavoro da compiere nel riconoscimento dei diritti culturali ad ogni persona deve partire soprattutto dall'educazione ai diritti dell'uomo e ai diritti culturali di tutte le persone. È necessario un lavoro educativo sia nei confronti delle istituzioni, che spesso sono carenti di informazioni da questo punto di vista, sia nei confronti di ogni cittadino, sia delle persone in diaspora, non sempre consapevoli dei propri diritti o delle modalità necessarie per tutelarli, spesso per paura di scontrarsi con l'autorità istituzionale.

Altri diritti violati e negati

Durante le osservazioni è stato notato come, in alcuni casi, vengano violati altri diritti dell'uomo quale ad esempio il diritto alla privacy. Rispetto a quest'ultimo, il titolare del trattamento dati, insieme al responsabile, dovrebbero mettere in campo azioni tali da evitare che notizie e dati personali finiscano in mano a "soggetti terzi", completamente estranei alla funzione dell'ente e al rapporto con l'utente.

4

INTERVISTE ALLE ISTITUZIONI

Laura Cicirata, Omar Ndiaye, Elena Sarzilla

4.1. Le interviste: obiettivi, metodologia, soggetti intervistati

In questo capitolo oggetto di studio sono le istituzioni già individuate come luoghi per l'osservazione delle competenze agite dai cittadini in diaspora. Tutti gli enti sono siti nella città di Bergamo e le interviste sono state compiute tra gennaio e luglio del 2020, in un arco di tempo in cui la città passa dalla "normalità" all'essere stravolta e fortemente colpita dalla pandemia, dovendo quindi far fronte alla riorganizzazione del tessuto sociale e dei servizi. Lo spazio mediatico sul tema della migrazione, in questo periodo, sembra rimpicciolirsi, perché il discorso pubblico viene dominato dalla narrativa del virus. Tuttavia, la percezione del fenomeno migratorio come "problema" non si è risolta. Riportiamo la sintesi pubblicata su Vita[78] dell'indagine IPSOS per WeWorld sulla percezione dei migranti nell'Italia nel tempo del Coronavirus:

"L'indagine IPSOS per WeWorld, che ha indagato la percezione del fenomeno migratorio da parte dell'opinione pubblica italiana ai tempi

---

[78]http://www.vita.it/it/article/2020/10/08/la-voce-dei-migranti-non-e-rappresentata-sui-media/156917/

del Covid-19, conferma la diffusione degli stereotipi tra gli italiani, soprattutto sulla diffusione della malattia. In particolare: con il superamento dell'emergenza sanitaria, le preoccupazioni per l'immigrazione tornano a crescere a livello nazionale (27%, al quarto posto tra le maggiori preoccupazioni degli italiani a livello nazionale) mentre a livello locale (problemi da affrontare nei singoli Comuni), la problematica dell'immigrazione è meno percepita (12%, al 7 posto); in entrambi gli ambiti, resta più forte la preoccupazione per l'andamento dell'economia e del lavoro, definito il più grave e importante per l'Italia dall'80% degli intervistati a livello nazionale. Secondo gli italiani, il settore in cui gli immigrati hanno dato un contributo maggiore durante l'emergenza sanitaria è quello agricolo. Nonostante la rilevanza del contributo nel settore sanitario, questo risulta essere il meno riconosciuto. Resta diffuso lo stereotipo sugli immigrati portatori di malattie: per il 43% degli intervistati, gli immigrati sono un pericolo perché portano malattie in Italia; per il 37%, gli immigrati presenti in Italia hanno favorito l'aumento dei contagi da Covid-19. Quasi il 40 degli italiani è contrario allo Ius soli e quasi il 50% allo Ius culturae; più del 30% sostiene il diritto alla cittadinanza solo per chi ha entrambi i genitori italiani".

L'obiettivo di questo capitolo è quello di ottenere un punto di vista sulle competenze esplicite ed implicite[79] messe in atto dall'utenza con background migratorio, parallelamente alla tutela o violazione dei diritti culturali. Un punto di vista che integra le osservazioni raccolte nella fase precedente. Non solo, le interviste fanno emergere le competenze sia degli operatori che dell'istituzione, quindi anche i nodi critici nella relazione con l'utenza dei cittadini in diaspora.

---

[79] Per la definizione rimandiamo a questo volume, capitolo 3 paragrafo "Le capacità' e le competenze emerse: implicite - esplicite"

Struttura del capitolo e contesto della fase di ricerca

La prima parte del capitolo approfondisce obiettivi, metodologia e soggetti intervistati.

Nella seconda parte si indagano le competenze emerse dalle interviste agli operatori nel loro lavorare e agire quotidiano con i cittadini in diaspora.

Nella terza parte si riporta l'analisi dei diritti culturali, identificando quali vengono riconosciuti e quali violati dalle istituzioni.

Il lavoro, nato dal bisogno da parte del gruppo di ricerca di non limitarsi a una ricerca teorica, ma di effettuare una "ricerca applicata"[80], intende offrire spunti per il miglioramento delle condizioni di vita dei cittadini in diaspora e delle condizioni di lavoro delle istituzioni, affinché una "cultura del riconoscimento"[81] dell'altro, tra competenze e imprevedibilità, diventi una strada per la tutela e l'esercizio dei diritti dell'uomo e dei diritti culturali in particolare. Proprio il rispetto dei diritti indica un'apertura a una cultura del dialogo, a una buona *governance* dei processi interculturali e a una comunicazione tra cittadini e istituzioni più efficace per tutti.

---

[80] Il gruppo di ricerca è infatti formato non solo da accademici ma soprattutto da operatori professionisti dei processi di accoglienza e integrazione, da qui il bisogno di un orientamento pragmatico, di una presentazione della ricerca sul territorio che possa generare riflessioni e azioni concrete sul tema del riconoscimento delle competenze e dei diritti culturali dei cittadini in diaspora.

[81] Il "riconoscimento" è una categoria filosofica utile nella nostra analisi per portare al centro l'aspetto relazionale su cui si fonda inevitabilmente il rapporto tra un servizio e la sua utenza, nel caso della nostra ricerca la relazione tra cittadini e istituzioni. P. Ricoeur nell'opera *Percorsi di riconoscimento* esplicita la necessità di colmare la lacuna sul tema del riconoscimento che non è solo filosofico ma anche etico, politico, teologico. Alla luce di questa ricerca, potremmo aggiungere che il riconoscimento è un tema anche sociale, poiché, nell'accezione di "riconoscimento delle altrui competenze" influisce direttamente nei processi culturali e sociali quotidiani (Cit. P. Ricœur, Percorsi del riconoscimento, Il Mulino, Bologna 2005).

Gli obiettivi delle interviste agli operatori delle istituzioni

La ricerca in questa parte si sviluppa nel rapporto tra istituzioni e cittadini in diaspora che si interfacciano come utenti. Le istituzioni non sono luoghi neutri ma esprimono sia la linea politica che le guida al vertice, sia la presenza di persone, gli operatori, portatori di una propria cultura, sensibilità, professionalità. Le interviste agli operatori delle istituzioni colgono questo doppio aspetto e permettono di indagare il tema delle competenze dei cittadini in diaspora dal punto di vista non più del cittadino (capitolo 1), non del ricercatore come osservatore delle dinamiche (capitolo 2), bensì dell'operatore nel proprio luogo di lavoro.

Il primo obiettivo delle interviste è quindi capire lo sguardo degli operatori sull'utenza dei cittadini in diaspora e sulle loro competenze. Ci si chiede se queste vengano effettivamente riconosciute e se vengano attuate delle strategie per valorizzarle nel servizio.

Il fulcro del secondo obiettivo sono gli operatori stessi e le competenze che mettono in gioco nel loro lavoro, specialmente quando interagiscono con i cittadini in diaspora.

Il terzo obiettivo riprende la domanda di ricerca[82], cerca di far emergere le competenze esplicite ed implicite dei cittadini in diaspora e l'esercizio e la tutela - o violazione - dei diritti culturali nelle istituzioni. Da questa analisi si possono cogliere margini di miglioramento dei servizi nella relazione con le persone con background migratorio. Le interviste permettono inoltre di porre agli operatori la questione del riconoscimento delle competenze nelle persone che interpellano il loro servizio e di "stimolare una riflessione sul ruolo che loro hanno, in

---

[82] La domanda di ricerca è *"La circolazione delle competenze delle persone in diaspora rappresenta una sfida per lo sviluppo in quanto ogni attore è una rete di connessioni nel paese di origine e costituisce una diaspora di conoscenza nel paese di accoglienza che provoca un cambio dello schema di asimmetrie nord-sud / fuga dei cervelli proponendo un nuovo paradigma che rovescia le politiche migratorie e la cooperazione internazionale"*.

quanto operatori nella società"[83], cercando di non forzare questo processo per non strumentalizzare l'intervista.

Come spesso accade, infatti, l'attuazione della ricerca, indirizzata dalla domanda di ricerca, ha aperto nuovi interrogativi.

Elaborare un'analisi delle competenze degli operatori o dei cittadini, aiuta a definire meglio la relazione che si instaura tra chi c'è davanti e chi dietro lo sportello, tra chi richiede un servizio e chi lo offre, come anche a riconoscere le competenze altrui, a valorizzarle, a trovare soluzioni per implementarle perché tutti abbiano gli strumenti per vivere nella società con una partecipazione costruttiva.

Riconoscere l'altro significa osservarlo nelle varie sfaccettature: nel suo *"ruolo"* di utente o di operatore che riveste in quel momento, nel suo genere, nella sua cultura che esprime negli atteggiamenti, nella lingua, nelle tradizioni e nei valori che guidano il suo essere nel mondo come soggetto di diritti.

Un'altra sfumatura del "riconoscimento" è *"l'essere riconosciuto"*, cioè sentirsi considerato e trattato per ciò che si è in quel momento, anche, nel caso dell'interazione tra servizi e persone, per l'identità burocratica che si negozia in quel frangente di vita. Sia l'operatore che il cittadino che si interfaccia a un servizio, sentendosi riconosciuti nel proprio ruolo e nella propria dignità saranno più liberi di esprimersi e di portare a termine senza frustrazioni il loro compito.

Infine, il riconoscimento comprende la *riconoscenza*. Accettando e provando a comprendere l'altro, venendo riconosciuti nella propria funzione e nella propria presenza, si genera una dinamica di rispetto e gratitudine per l'altro. Anche in istituzioni più strutturate, le relazioni umane sono l'elemento focale che può determinare l'andamento del lavoro e la partecipazione ai processi interculturali.

---

[83] Indicazione di Alessandro Monsutti, tratta dal verbale dell'incontro del gruppo di ricerca dell'11 gennaio 2020.

Questi elementi influenzano fortemente i processi dei servizi con un pubblico, come in questo caso multiculturale, multireligioso e multilinguistico.

La metodologia applicata

Dopo aver osservato i luoghi, il gruppo di ricerca ha deciso di approfondire le dinamiche della relazione tra cittadini in diaspora e istituzioni, integrando le riflessioni generate dalle osservazioni con le informazioni raccolte nell'ascolto degli operatori (dai *luoghi* alle *persone*). In questa fase della ricerca la metodologia si è sviluppata in:

- una fase di preparazione con il gruppo di ricerca in plenaria, in cui si sono definiti i tempi e gli strumenti da utilizzare per la raccolta e la rielaborazione dei dati;
- la raccolta dei dati con l'uso della tecnica di rilevazione scelta;
- una fase di rielaborazione da parte degli intervistatori;
- infine, una rilettura dei risultati in plenaria.

La tecnica di rilevazione individuata è dunque l'intervista[84], strumento che permette un dialogo diretto, la possibilità di attingere a fonti sul campo, la comparazione tra dati raccolti in istituzioni diverse con gli stessi strumenti. Nella relazione diretta con l'intervistato è possibile infatti una proficua raccolta delle opinioni e rielaborazioni del suo vissuto soggettivo.

La struttura dell'intervista è stata definita dal gruppo di ricerca nella fase di preparazione, optando per una intervista semi-strutturata con tredici domande[85]. L'intervista è uno strumento che ha margini di flessibilità utili a dirigere il colloquio in direzione degli obiettivi da raggiungere e a definire un percorso atto a raccogliere le informazioni necessarie.

---

[84] Viganò, R. Pedagogia e sperimentazione. Metodi e strumenti per la ricerca educativa, Vita e Pensiero, Milano 2002.
[85] Vedi allegato 1: Intervista agli operatori delle istituzioni.

L'apertura del colloquio inizia con una presentazione dei ricercatori e della ricerca, volta a "rompere il ghiaccio", a sciogliere eventuali dubbi, a cogliere l'atmosfera e l'atteggiamento dell'intervistato. Le tredici domande alternano il punto di vista dell'operatore intervistato tra la percezione del proprio lavoro, delle proprie competenze, del proprio servizio e il punto di vista sull'utenza, sull'utenza "straniera", sulle competenze della stessa e sulla gestione dei conflitti.

L'interpretazione del concetto di "competenza" è stato in un primo momento lasciato alla libertà dell'intervistato e in un secondo momento, focalizzato dal ricercatore secondo il concetto adottato nel corso della ricerca. Rimandiamo ai capitoli precedenti per la definizione, al secondo paragrafo di questo capitolo per focalizzare il tema delle competenze emerse.

La somministrazione dell'intervista è avvenuta con due intervistatori in compresenza per ogni persona intervistata. Nel caso dell'ufficio comunale, i due intervistatori hanno intervistato insieme le due persone segnalate come disponibili. Nel caso delle interviste in uno dei due sindacati, gli intervistatori hanno condotto le interviste singolarmente. Nella maggior parte delle interviste un ricercatore ha scritto le risposte l'altro ha condotto effettivamente l'intervista.

Nonostante la fisiologica "permanenza di una relazione asimmetrica tra l'intervistato e l'intervistatore, che rappresenta il gruppo di ricerca"[86], tutti gli incontri sono avvenuti in un clima gestibile, anche se la presenza degli intervistatori ha alterato il ritmo del servizio.

I dati raccolti con l'intervista sono sia auto-riportati (esperienze, vissuti, riflessioni personali dei soggetti) che d'ascolto (esperienze, vissuti, riflessioni di terzi raccolte e raccontate dai soggetti). Oltre alle risposte raccolte, gli intervistatori hanno riportato nella griglia altri dati dedotti dall'osservazione e riguardanti il linguaggio non verbale, il "non

---

[86] Corrao, S. (2005), "L'intervista nella ricerca sociale", Quaderni di sociologia 38:2005, https://doi.org/10.4000/qds.1058

detto", alcune dinamiche del servizio e della relazione tra colleghi, oltre alle proprie sensazioni e percezioni nel rapporto con l'ambiente e con l'intervistato.

La fase successiva all'intervista è avvenuta in modo individuale per ogni intervistatore. Si è infatti proceduto rielaborando i contenuti dell'intervista in una griglia[87] che sintetizzasse le informazioni raccolte con un'attenzione particolare alle competenze. Le competenze sondate sono sia quelle dell'operatore del servizio, sia quelle che lui/lei riconosce nei cittadini utenti, specialmente quelli di origine non italiana. Questo perché in questa ricerca si studia il riconoscimento delle competenze come parte integrante della cultura della democrazia, che in quanto tale può riconoscere l'integrazione sia come un "processo biunivoco"[88] che come un "lungo e difficile gioco di pazienza"[89] in cui tutti sono coinvolti, certamente non solo i cittadini cosiddetti stranieri.

La struttura della griglia è la seguente:
- Macro titolo;
- Luogo in cui si è svolta l'intervista;
- Data dell'intervista;
- Soggetto intervistato (genere, età presunta, ruolo, da quanto tempo lavora in quel luogo);
- Competenze emerse nell'operatore;
- Competenze riferite dall'operatore (riguardanti i cittadini stranieri);
- Criticità dell'istituzione o dell'intervista;

---

[87] Vedi allegato 2: Griglia di sintesi delle interviste agli operatori delle istituzioni.

[88] Tratto da "Glossario dell'immigrazione" – Ministero del Welfare

[89] Tratta dalla definizione della Commissione per le politiche di integrazione degli immigrati" (istituita dal Decreto Legislativo n. 286 del 25 Luglio 1998 "Testo Unico delle disposizioni concernenti la disciplina dell'immigrazione e la condizione dello straniero" – art. 46.

- Violazioni dei diritti emersi.

Una volta riportate le griglie di sintesi al gruppo di ricerca, si è deciso di chiedere agli intervistatori di aggiungere le proprie osservazioni, in una sezione dedicata alla valutazione. Questo spazio si è rivelato utile alla riflessione sia sulle competenze che sui diritti culturali, delineando l'andamento dell'intervista anche da un punto di vista delle percezioni degli intervistatori riguardo all'ambiente e al linguaggio non verbale degli intervistati.

Criticità e questioni aperte

Questa metodologia avrebbe potuto essere preliminare ad uno *step* successivo, quello delle interviste ai cittadini in diaspora nel loro ruolo di utenti nelle istituzioni intervistate. Questo passaggio non è stato concretizzato per l'acuirsi della pandemia di Coronavirus, per le conseguenti difficoltà dei servizi aperti al pubblico e per lo stravolgimento delle dinamiche interpersonali. Rispetto a quanto previsto, il campione si è ridotto alle istituzioni che hanno concesso l'autorizzazione alla ricerca: due sedi di patronato di due diversi sindacati, un ufficio comunale, una biblioteca. La questura, le poste, il servizio dei mezzi pubblici e l'ospedale non hanno concesso l'autorizzazione. Tuttavia, nell'analisi delle competenze in questo capitolo, grazie ai dati raccolti nelle prime fasi della ricerca, è stato possibile estrapolare alcuni elementi interessanti anche per quanto riguarda l'ambiente dell'ospedale.

Questi elementi hanno condizionato molto i risultati dell'intervista in quanto il campione limitato non ha permesso di avere dati oggettivi e generalizzabili. Obiettivo primario della ricerca è comunque generare riflessioni a partire dalla domanda di ricerca utilizzando i risultati raccolti. Gli atteggiamenti e le percezioni degli operatori intervistati sono in linea con quanto sperimentato nella quotidianità nei servizi per il pubblico, in cui la gestione è lasciata alla sensibilità del singolo operatore, anche in rapporto ai cittadini in diaspora, relazione che richiede sempre attenzioni e competenze specifiche.

Nella fase di intervista ai soggetti coinvolti è stato necessario dimostrarsi aperti e flessibili senza esprimere giudizi sulle risposte degli intervistati e questo -nonostante il profilo professionale degli intervistatori stessi (operatori di enti attivi nei processi di accoglienza e di integrazione delle persone immigrate in Italia) - non solo durante l'intervista ma anche nei confronti del linguaggio del corpo, delle espressioni e delle reazioni da parte degli intervistati. Il tema è emerso con particolare chiarezza in un'intervista, in cui il clima iniziale di diffidenza verso i ricercatori era determinato dal fatto che gli intervistati avessero inquadrato i ricercatori come "pro-immigrazione". L'aver ottenuto da tutte le interviste effettuate delle risposte complete ci fa sperare di aver superato questo ostacolo.

Un'altra questione emersa nel gruppo di ricerca riguarda il riconoscimento delle competenze e dei diritti culturali. Questa operazione implica una specifica preparazione e formazione poiché si basa, sulla definizione precisa dei concetti, sulla lettura dei dati, sull'estrapolazione delle informazioni utili a definire il concetto stesso.

Il gruppo di ricerca è formato soprattutto da operatori di enti impegnati nei processi di accoglienza, di integrazione e intercultura con competenze e capacità professionali utili a questo compito e da alcuni docenti universitari.

Ci auguriamo che i risultati rappresentino uno strumento per vivere e gestire al meglio la quotidianità dei servizi in contesto multiculturale, affinché tutti possano essere riconosciuti e riconoscenti e capaci di riconoscere ogni persona come soggetto di diritti.

La ricerca ha scelto un approccio che non facesse emergere dei binomi e delle contrapposizioni "noi-loro" nei confronti dei cittadini in diaspora. Ci siamo anche chiesti se il concetto di competenza fosse universale, oppure se quello individuato dal gruppo di ricerca non avesse un significato diverso per le persone in diaspora appartenenti a un'altra cultura. Abbiamo però fiducia nel lavoro svolto a livello accademico per molti anni su questo tema dai professionisti e dalle organizzazioni che hanno supportato e accompagnato la ricerca.

ALLEGATO N° 1:

Intervista agli operatori delle istituzioni.

<u>GRUPPO DI RICERCA FONDAZIONE V. CHIZZOLINI</u>

Intervista DA SOMMINISTRARE AGLI OPERATORI DELLE ISTITUZIONI PRESENTI SUL TERRITORIO BERGAMASCO

Data:

Luogo:

Operatore che propone l'intervista:

Premessa: mi presento;

• Nell'ambito della Fondazione Chizzolini, stiamo portando avanti una ricerca sulle competenze dei migranti in provincia di Bg.

• Riassunto su ciò che è già stato portato a termine.

• L'intervista è anonima, i risultati verranno pubblicati rispettando l'anonimato dei soggetti coinvolti

• Stiamo intervistando più attori istituzionali che in qualche modo sono a contatto con i cittadini in diaspora.

• Ha qualche domanda?

<u>Domande:</u>

-Di che cosa ai occupa nel quotidiano?

-Con quale tipo di utenza si interfaccia?

-Le piace il suo lavoro?

-Quali competenze occorrono?

-Se una persona viene da lei e non parlate nessuna lingua in comune, come porta avanti l'interazione?

-Quali sono i punti critici del suo lavoro?

Opzionale: secondo lei la pensano tutti così?

-Avendo una rosa così ampia di utenza, come è possibile giostrarsi nell'erogazione del servizio?

-Cosa farebbe per migliorare questo servizio?

-Cosa potrebbe fare l'istituzione per migliorare la qualità del servizio erogato? Per fare stare meglio utenza e voi operatori?

-Cosa potrebbero fare i migranti per migliorare il rapporto con i servizi?

-Quando sorgono tensioni, come riesce a risolverle? Come si attiva?

-Mi può fare un esempio di situazione in cui è stata davvero in difficoltà?

ALLEGATO N° 2:

Griglia di sintesi delle interviste agli operatori delle istituzioni.

Intervista ad OPERATORI di SPORTELLI PUBBLICI
Nel TERRITORIO DI BERGAMO

LUOGO

DATA

SOGGETTO
(genere, età presunta, ruolo, da quanto tempo lavora in quel luogo)

COMPETENZE EMERSE NELL'OPERATORE

COMPETENZE RIFERITE DALL'OPERATORE
(riguardanti i cittadini stranieri)

CRITICITÁ DELL'ISTITUZIONE E O
DELL'INTERVISTA
VIOLAZIONI DEI DIRITTI EMERSE

I soggetti intervistati

I soggetti intervistati sono operatori degli sportelli aperti al pubblico degli enti coinvolti già nella precedente fase di osservazione: i patronati di due sindacati, un ufficio comunale, una biblioteca. Si tratta di tre tipologie di servizi molto diversi, in cui tutti gli elementi (mansioni e formazione degli operatori, approccio dei cittadini, conformazione dell'ambiente, finalità del servizio) influenzano le dinamiche che si instaurano. L'atmosfera che si crea in biblioteca, ad esempio, favorisce l'abbassamento della tensione interpersonale, mentre negli uffici più "burocratici" il rapporto tra operatori e utenti è più teso.

Sono stati intervistate in tutto tredici persone: la stragrande maggioranza è di genere femminile. Questa proporzione rispetta la preponderanza di donne nei servizi e nei ruoli oggetto della ricerca.

Quasi tutti i soggetti sono adulti, di età compresa tra i 40 e i 60 anni, la maggior parte rientra nella fascia che va dai 50 ai 60 anni. In una sola occasione ci si è trovati di fronte ad un'operatrice molto giovane.

La scelta del campione è avvenuta in modo differenziato nei diversi enti.

Presso i sindacati, dopo essersi presentati ai referenti del servizio, gli intervistatori hanno potuto individuare autonomamente i soggetti- Presso l'ufficio comunale l'intervista è stata preparata dalla scelta previa degli operatori da parte dei responsabili che avevano individuato e scelto le persone da intervistare. In biblioteca l'intervista è avvenuta in un ambiente disponibile, in cui i ricercatori hanno individuato autonomamente gli operatori da intervistare.

Anche l'atmosfera che ha caratterizzato le interviste non è stata la stessa nei diversi enti.

In alcuni casi, «l'intervista, della durata di un'ora circa, si è svolta in un clima rilassato e spontaneo»[90] in altri casi con un coinvolgimento molto interessato da parte degli stessi intervistati.

Non sono mancati casi più complessi. Due esempi. In un ente, gli intervistatori riportano che "L'intervista, della durata di un'ora e mezzo circa, è iniziata con un atteggiamento resistente da parte delle intervistate, dovuta forse ad una iniziale mancanza di informazioni in merito allo svolgimento dell'attività e al timore di poter essere messe sotto accusa. Sciolto il nodo iniziale e informate le interlocutrici, l'intervista si è svolta in un clima rilassato e spontaneo". Anche in un'altra sede, una difficoltà iniziale si è poi risolta nel corso dell'intervista: "Ci è sembrato di cogliere un'iniziale diffidenza probabilmente dovuta al timore delle nostre interlocutrici che assumessimo un ruolo rivendicativo e accusatorio nei loro confronti. Nel corso dell'intervista è emerso una sorta di conflitto, alimentato dall'esperienza degli operatori, in quanto secondo le intervistate, il migrante accede al servizio con richieste non esattamente pertinenti e spesso capita che si creino incomprensioni aggravate dalla difficoltà di comunicazione".

---

[90] Vedi allegato 3: **G**riglia di sintesi delle interviste agli operatori della biblioteca.

Il XXIX Rapporto Immigrazione Caritas e Migrantes 2020[91]. "Conoscere per comprendere" riporta alcuni dati interessanti per inquadrare la rilevanza quantitativa dei cittadini in diaspora, presenza che influenza il lavoro quotidiano e la composizione demografica dell'utenza dei servizi pubblici. In Lombardia, nel 2019, i cittadini stranieri (esclusi quindi coloro che hanno ottenuto una cittadinanza italiana) erano 1.206.023, di cui nella provincia di Bergamo 100.722. Nella gestione quotidiana dei servizi, è un dato non indifferente che richiede riflessioni, formazione e indicazioni per poter essere gestito in modo efficace, soprattutto quando genera conflitti[92] o violazioni dei diritti. Collegando gli stessi numeri ai soggetti intervistati e a quanto

---

[91] Caritas, Migrantes, XXIX Rapporto immigrazione 2020, Tau Editrice, Todi (PG) 2020, pagina 38.

[92] La ricerca partecipata "LA MEDIAZIONE INTERCULTURALE NEI SERVIZI SOCIOSANITARI PER GLI STRANIERI" (FONDO ASILO, MIGRAZIONE E INTEGRAZIONE (FAMI) 2014-2020 (prog-1110), Cooperativa Mondo Aperto) esplicita la possibilità di conflitti legati alla diversità culturale nella relazione tra servizi e utenza: "I problemi di comunicazione legati alla cultura possono essere di vario tipo. Per elencare in maniera sintetica e semplificata le categorie in cui possono riscontrarsi incomprensioni o tensioni possiamo elencare i problemi legati alla lingua, alla gestualità, all'uso del corpo, ai vestiti o agli oggetti, quelli dovuti a valori culturali (quei valori di fondo della nostra cultura con cui siamo cresciuti e che dunque ci paiono universali, naturali e non mettiamo mai realmente in discussione) come il concetto di tempo, quello di pubblico e privato, lo status e la gerarchia, l'idea di famiglia, di donna, di malattia o di medicina, il fair play, il politicamente corretto, le metafore che usiamo per descrivere il mondo, ecc. Inoltre ogni cultura adotta delle regole i vari generi comunicativi (la telefonata, il dialogo, la conferenza ecc.) e le relative mosse dei partecipanti che, se infrante, possono disturbare la comunicazione". La gestione di tali conflitti è possibile tramite la mediazione, come indicato sia nella ricerca partecipata appena citata, sia con metodi collaudati come l'approccio interculturale elaborato da Margalit Cohen-Emerique.

osservato nei luoghi interessati dalla ricerca, rileviamo una tendenza in linea con quanto esprime lo stesso Rapporto Immigrazione:

l'87% degli occupati stranieri in Italia sono lavoratori dipendenti, concentrati soprattutto in alcuni settori: servizi collettivi e personali (642 mila addetti), industria (466 mila), alberghi e ristoranti (263 mila), commercio (260 mila) e costruzioni (235 mila). In merito alle qualifiche prevalenti, nel 2019 si registra un elevato volume di rapporti attivati per braccianti agricoli (584.253 attivazioni), addetti all'assistenza personale (179.502), camerieri e professioni assimilate (158.645) e collaboratori domestici e professioni assimilate (111.562).

Emerge, nel rapporto e nei soggetti intervistati, una sotto-rappresentazione abbastanza strutturale di lavoratori di origine straniera. Tra tutti gli intervistati, infatti, solo un soggetto risultava portatore di un background migratorio. Specificità, tra l'altro, significativa per il servizio in cui opera poiché titolare di competenze linguistiche e relazionali utili a facilitare il lavoro e la relazione con l'utenza straniera, sia per sé che per i colleghi. A seguire, alleghiamo una delle griglie compilata dai ricercatori.

ALLEGATO N° 3:

Griglia di sintesi delle interviste agli operatori di uno tra gli enti coinvolti

QUESTIONARI OPERATORI SPORTELLI PUBBLICI TERRITORIO DI BERGAMO
LUOGO
Biblioteca ***
DATA
Lunedì 17 febbraio 2020
SOGGETTO (genere, età presunta, ruolo, da quanto tempo lavora in quel luogo)
Sono state sottoposte all'intervista due operatori della Biblioteca ***. La prima responsabile dell'area rinnovo libri, oltre che operatrice tout court e il secondo responsabile dell'area giovani e ragazzi e dell'area eventi. Entrambi i bibliotecari lavorano in biblioteca da numerosi anni e superano i 50 anni.

COMPETENZE EMERSE
NELL'OPERATORE

Attraverso le interviste è emerso che le competenze che i bibliotecari dovrebbero possedere sono: capacità di ascolto, capacità di relazionarsi con il pubblico, cura dell'utente, sensibilità. È necessario capire le necessità dell'utente per indirizzarlo al meglio verso ciò di cui ha bisogno. È necessario inoltre essere capaci di comunicare con utenti di differenti generazioni che si approcciano in maniera diversa e con strumenti diversi in biblioteca.

Dall'intervista sono emersi aneddoti personali legati al contesto lavorativo che hanno lasciato trasparire un forte legame affettivo con il proprio lavoro alimentato dai risultati positivi che esso comporta.

COMPETENZE RIFERITE
DALL'OPERATORE (riguardanti i
cittadini stranieri)

Durante l'intervista emergono alcune capacità e competenze dei cittadini stranieri, individuate delle intervistate, in particolare:
- La capacità di adattarsi a nuovi contesti
- Capacità di trarre risorse da ciò che hanno a disposizione
- Capacità di apprendimento della lingua, soprattutto per i più giovani
- Competenze informatiche e tecnologiche
- Capacità di fare rete
- Generosità: Il gruppo delle mamme cinesi e sud americane aveva donato molti libri alla biblioteca tanto è che hanno creato una zona apposita, utilizzata da alcuni bambini i cui genitori non vogliono che dimentichino propria la lingua

madre e adulti che stanno imparando la lingua per la prima volta.

CRITICITÁ DELL'ISTITUZIONE E O DELL'INTERVISTA
VIOLAZIONI DEI DIRITTI

L'intervista, della durata di un'ora circa, si è svolta in un clima sereno e spontaneo. Sono uscite diverse preoccupazioni da parte dell'istituzione in merito alla difficoltà di tenersi aggiornati sul livello comunicativo e tecnologico con le generazioni più giovani.

Manca, secondo i bibliotecari, un ricambio generazionale che sottolinei la mission, la vision e le attività della biblioteca. C'è, secondo loro, la necessità di figure che facciano da ponte tra l'istituzione e chi è accomunato da una stessa cultura di provenienza. Servono figure che tramite le conoscenze di un'utenza non abituale possano aiutare la biblioteca ad avere una comunicazione più fluida con questa categoria di persone.

Sono state evidenziate diverse difficoltà nell' utenza straniera rilevate dagli sportellisti, tra le principali sono state indicate:

- La mancanza di conoscenza rispetto all'offerta dei servizi della biblioteca
- La carenza della lingua italiana nelle generazioni più anziane (che limita l'utilizzo dei servizi)
- La poca collaborazione da parte di alcune famiglie straniere quando c'erano attività con i bambini. Queste persone d'ausilio potrebbero aiutare anche a ricevere più fiducia da parte dell'utenza straniera. (Ci è sembrata un'ottima proposta per affrontare le sfide del presente e del futuro).

Nelle griglie di elaborazione delle diverse interviste, di cui sopra un esempio, emergono i dati che verranno utilizzati nell'analisi delle competenze dei cittadini in diaspora e dei diritti culturali violati o tutelati.

Inoltre, sono stati consegnati agli intervistatori anche pensieri, fatiche, impegno, stanchezze, visioni, considerazioni sul proprio lavoro e sul servizio in cui si opera. Emerge la centralità della cura della relazione con l'utenza e la fatica del trovare il tempo per questo, la frustrazione di lavorare nonostante alcuni nodi problematici del proprio servizio non si risolvano e si trascinino per molto tempo, generando circoli viziosi di tensione, e al tempo stesso il "legame affettivo" con il proprio lavoro.

In tutte le interviste si sottolinea che un ragionamento sulle competenze dell'utenza, in particolare quella di origine non italiana, non sia mai stato fatto e ci sia bisogno di un costante confronto con "l'italiano medio" per delineare le caratteristiche del "non italiano".

I ricercatori, a loro volta, hanno potuto esplicitare nella griglia le proprie sensazioni e pre-giudizi, affinché, dichiarati e consegnati, non intaccassero i risultati.

4.2 Competenze identificate dagli operatori tra i cittadini della diaspora

"L'onore senza merito è un peso, la competenza riconosciuta è una felicità" scriveva Willam De Britaine nel 1755.

Questo è infatti ciò che era al centro dei nostri interessi quando abbiamo deciso di condurre uno studio per identificare le competenze dei migranti nella diaspora. L'obiettivo non è solo l'identificazione, ma anche la valorizzazione e la circolazione di queste competenze per una partecipazione effettiva allo sviluppo sia nei Paesi di accoglienza che in quelli di origine.

Dopo diverse interviste e analisi dei dati in questo campo, abbiamo deciso di fare osservazioni nei luoghi istituzionali più appropriati della città, cercando di coprire alcune delle sfere della vita quotidiana di un cittadino.

I sindacati

I due sindacati scelti sono tra i più grandi del Paese. Entrambi hanno milioni di affiliati. Sono presenti a Bergamo e sono ben frequentati. Le competenze identificate e riportate dagli operatori sono di due tipi:

a) Le competenze esplicite che gli operatori dei servizi hanno osservato tra i migranti in diaspora.

Durante le interazioni abituali che gli operatori di questi servizi hanno con i migranti della diaspora, un certo numero di capacità e di competenze sono state chiaramente identificate in modo inequivocabile. Questi operatori ci hanno riferito :

- La capacità di adattarsi al cambiamento e alle continue sollecitazioni. Questo cambiamento è dovuto principalmente alla complessità del sistema tecnico-amministrativo.

- La resilienza e la flessibilità nell'apprendere nuovi concetti e tecniche nonostante la barriera linguistica, dato l'enorme peso di quest'ultima nella vita di un migrante.

- Una competenza è il forte legame con la rete culturale di appartenenza. Queste reti servono come supporto per l'orientamento e l'assistenza burocratica. Questo apre un'altra competenza e non di meno importanza: *la competenza interculturale.* Essa si basa sullo sviluppo della conoscenza di sé, della propria identità culturale e della consapevolezza delle proprie molteplici radici. È costruita sulla consapevolezza di essere parte della comunità umana che sa guardare oltre le comunità vicine. È ciò che rende possibile l'interazione armoniosa nella diversità.

- La capacità di raccogliere informazioni dettagliate attraverso il passaparola con i connazionali. Nonostante un diverso approccio all'ordine e all'organizzazione, alcune persone della diaspora riescono a gestire pratiche e documenti (spesso più complicati perché provengono da Paesi di origine dove non solo il funzionamento amministrativo è diverso, ma anche la lingua, e quindi la necessità di traduzioni e legalizzazioni)

- La capacità di gestire emotivamente, rispettosamente ed educatamente l'attesa, i tempi lunghi e l'eventuale rinvio ad altri appuntamenti per completare i documenti richiesti, nonostante la frustrazione di non ottenere il tutto subito.

b) Competenze implicite che gli operatori di questo servizio hanno osservato nei migranti in diaspora

Alcuni degli operatori esprimono il bisogno per i soggetti in diaspora di integrarsi nel sistema di riferimento in cui si trovano. A tal proposito, in linea con quanto affermato anche nei capitoli precedenti, la realtà attuale ci dice che, per quanto importante, una capacità di armonizzazione delle differenze sarebbe preferibile all'integrazione in senso stretto che spesso si avvicina al concetto di assimilazione.

Alcuni addetti ai servizi notano spesso un forte desiderio di preservare la propria identità culturale e i legami con la comunità culturale di appartenenza creando legami e scambi proficui tra i due ambienti.

c) Competenze ritenute fondamentali dagli operatori per esercitare il loro ruolo

Nello svolgere le interviste, abbiamo incontrato operatori con profili e background molto eterogenei.

Le competenze professionali (capacità di comunicazione, adattabilità, gestione dello stress, lavoro di squadra, capacità di sintesi, capacità organizzative, capacità decisionali, capacità di attesa, reattività, autonomia) sono state identificate in qualche misura in molti degli operatori.

- Competenze linguistiche. Anche se è ovvio che è impossibile comunicare in tutte le lingue, il bilinguismo è stato osservato tra alcuni degli agenti, soprattutto tra i più giovani.

- Capacità relazionali (empatia, pazienza, capacità di ascoltare e capire, facilità di espressione). Quasi tutti hanno menzionato la pazienza come un'abilità essenziale per questo lavoro.

Il Centro Unico di Prenotazione dell'ospedale

Il Centro Unico di Prenotazione (CUP) è un servizio amministrativo offerto da diverse strutture gestite da amministrazioni pubbliche italiane (Agenzia delle entrate, ATS, ecc.) la cui funzione è quella di gestire le prenotazioni necessarie alla fornitura dei servizi. Quello che ci interessa si trova in uno degli ospedali della città di Bergamo.

Il CUP si presenta come un ambiente luminoso, ordinato e pulito. Lo spazio pubblico non è personalizzato. Legno chiaro e illuminazione calda. Molto spazio tra i banchi e la sala d'attesa. Due ingressi con un totem ad ogni ingresso, solo in italiano. All'arrivo, ogni utente deve prendere un numero per la visita che deve fare e poi accedere agli sportelli secondo il numero preso. Il numero indica la posizione e il tipo di servizio per ogni persona.

Competenze che il personale di sportello ha identificato nei migranti della diaspora

- Risoluzione dei problemi. Usano bene le risorse a loro disposizione in un contesto più o meno organizzato.

- Riorganizzare i documenti in un certo ordine nei raccoglitori in modo che tutto sia perfetto. Questo vale anche per le persone che non erano sicure di cosa portare e quindi hanno portato tutto. L'uso dell'archivio e la cura di conservare tutto.

- Supporto da parte dei bambini nei confronti dei genitori durante gli incontri con le istituzioni.
- Competenze linguistiche (comprensione dell'italiano e di altre lingue).
- Disponibilità ad aiutare persone.

L'anagrafe

L'Ufficio Anagrafe del Comune ha la funzione di registrare nominativamente, gli abitanti residenti in un Comune, sia come singoli sia come componenti di una famiglia o di una convivenza, nonché le successive variazioni che si verificano nella popolazione stessa.

a) Competenze identificate dagli operatori tra i migranti della diaspora.

- La capacità di gestire la fatica causata da un sistema burocratico complesso che spesso mette gli utenti in difficoltà

- Un forte rispetto dell'autorità. Il responsabile del settore è visto come una figura di riferimento capace di risolvere qualsiasi tipo di difficoltà burocratica.

b) Competenze ritenute fondamentali dagli operatori per esercitare il loro ruolo.

Due impiegati sono stati intervistati ed entrambi hanno concordato che per fare questo lavoro, una persona deve avere le seguenti abilità:

- Eccellenti capacità di ascolto per una buona comprensione dei problemi prima di risolverli.

- Capacità di gestire il carico di lavoro a volte stressante e limitato nel tempo.

- Capacità di trattare con il cliente che viene al bancone usando un linguaggio chiaro e semplice in modo che tutti siano in grado di capire ciò che viene detto loro.

- È anche necessario essere sensibili alle diverse situazioni personali che si presentano, anche se questo aspetto dipende molto dalla personalità degli operatori.

Biblioteche

Due biblioteche sono state prese in considerazione per questo studio.

a) Biblioteca 1

È una biblioteca situata nel centro della città di Bergamo. È molto frequentata. I bibliotecari intervistati, tutti sulla cinquantina, lavoravano in questa biblioteca da diversi anni.

Competenze che i bibliotecari hanno identificato nei migranti della diaspora

- La capacità di adattarsi a nuovi contesti.

- Sfruttare al massimo ciò che è disponibile

- Competenze linguistiche, soprattutto tra i più giovani.

- Competenze informatiche e tecnologiche.

- Capacità di networking.

Competenze che abbiamo identificato nei bibliotecari

- Classificazione e indicizzazione per soggetto

- Conoscenza delle tecniche di ricerca e consultazione bibliografica e documentale.

- Conoscenza delle normative di riferimento per biblioteche e centri documentari.

b) Biblioteca 2

Questa è una biblioteca con un'architettura piuttosto speciale. È circolare e si sviluppa su due livelli: con una scala a chiocciola, si raggiunge l'ingresso della biblioteca che si apre sull'ufficio dei bibliotecari.

La sala di lettura al centro è caratterizzata da un muro circolare che delimita anche un perimetro esterno dove ci sono tavoli per la lettura "nascosta".

Le scale portano al piano superiore: un corridoio accoglie studenti e lettori che hanno bisogno di più silenzio.

Capacità e competenze che i bibliotecari hanno identificato nei migranti in diaspora

- Capacità di utilizzare i servizi offerti dalla biblioteca

- Libertà di movimento e uso degli spazi per bambini

- Rispetto delle regole del luogo

- Capacità delle madri di scegliere luoghi a misura di bambino, non solo per giocare ma anche per informarsi ed educare.

4.3. Diritti culturali rispettati e violati: approfondimento e analisi delle interviste agli operatori

L'esperienza delle interviste rivolte ai membri delle istituzioni ha dato la possibilità di cogliere il rispetto dei diritti culturali dei cittadini stranieri presenti nel territorio cittadino che quotidianamente si interfacciano con le istituzioni e gli uffici della pubblica amministrazione.

Seppur con un campione relativamente limitato, è stato possibile focalizzare l'attenzione sui diritti culturali all'interno del contesto di riferimento..

Analizzando le interviste e le considerazioni fornite dagli operatori dei vari sportelli è possibile osservare, mantenendo come riferimento la Dichiarazione di Friburgo i diritti culturali che, sono stati rispettati o violati.

I servizi dei diversi enti si rivelano utili per il primo impatto che il cittadino straniero ha con la pubblica amministrazione ma non si risolve la barriera linguistica che rimane tra l'operatore e l'utente una volta raggiunto lo sportello, poiché in molti casi il personale non parla altre lingue diverse dall'italiano, in alcuni casi qualcuno padroneggia un inglese scolastico ma non sufficiente per rispondere ai dubbi e alle perplessità che il cittadino straniero porta e per le quali desidera ottenere una risposta.

Inoltre non tutti i servizi della pubblica amministrazione presenti sul territorio sono dotati di "totem" informativi, pertanto recandosi in altri uffici, gli utenti si ritrovano completamente sprovvisti dei minimi strumenti linguistici necessari.

Recentemente, come riportano gli intervistati, diversi uffici e responsabili del personale stanno incentivando la frequenza di corsi di formazione linguistica per i funzionari addetti allo sportello, in modo da agevolare il più possibile la comunicazione tra l'utente straniero e l'operatore. E' emerso che alle istituzioni pubbliche viene chiesto che venga garantita la possibilità ai cittadini stranieri presenti di poter ricevere informazioni nella loro lingua madre oppure in una lingua a loro prossima; ciò viene effettuato attraverso un dispositivo elettronico posto all'entrata degli uffici che spiega in diverse lingue le opzioni a disposizione dell'interlocutore.

Dall'intervista svolta presso una biblioteca cittadina, è emerso che molti sono i cittadini stranieri che si rivolgono a tale istituzione per cercare di introdurre parte della propria cultura all'interno del sistema bibliotecario dei diversi territori per creare occasioni di confronto e arricchimento reciproco. A tale proposito gli intervistati hanno dichiarato di aver predisposto una parte dello spazio di lettura, in particolare quello rivolto ai più piccoli (fascia d'età 5-12 anni), proponendo un'offerta di letture multi-lingue e con diversi testi portati personalmente dai rappresentanti di comunità straniere presenti sul territorio per incoraggiare lo scambio di conoscenze. Si tratta di un piccolo passo verso la realizzazione e il raggiungimento del diritto alla partecipazione alla vita culturale della comunità in cui si vive.

Come citato nell'articolo 11 della Dichiarazione, uno dei principali diritti culturali violati è l'impossibilità dei cittadini stranieri presenti sul territorio di potersi esprimere nella propria lingua veicolare per pratiche burocratiche necessarie. Le istituzioni non sempre rispondono in modo opportuno a questo problema, forse servirebbe una maggiore interrelazione tra i diversi soggetti quali per esempio enti e organizzazioni del territorio specializzati in servizi di mediazione linguistico-culturale, al fine di consentire al cittadino straniero di vedere accolta la propria richiesta e poterla esprimere in modo completo, per evitare incomprensioni tra gli interlocutori.

Si ritiene inoltre importante agevolare e incoraggiare la possibilità di diffondere ulteriormente l'accesso a sistemi informatici che possano facilitare la comprensione e l'interazione con i pubblici uffici tutelando maggiormente il diritto all'accesso e alla partecipazione alla vita culturale, come indicato nell'articolo 5 della Dichiarazione.

Sarebbe altresì auspicabile, come emerge dalle aspettative degli intervistati, che l'istituzione pubblica si dotasse di strumenti e/o di figure idonee atte ad intercettare eventuali volontà di partecipazione non palesate o momentaneamente inespresse per mancanza di strumenti o conoscenze specifiche. L'obiettivo dovrebbe essere quello di estendere il bacino di utenza anche a quella parte della popolazione straniera che per diversi motivi non usufruisce di questo servizio ma che, con i dovuti accorgimenti, potrebbe rivelarsi un importante punto di incontro della cittadinanza straniera e "locale". A tal proposito potrebbe essere efficace e costruttivo destinare una parte dei fondi pubblici dedicata all'acquisto dei libri in lingua straniera, in modo da non basare la disponibilità e la presenza di questa tipologia di servizio solo alle donazioni di privati e/o associazioni specifiche.

Proposte

Avviandosi verso la conclusione di questo capitolo, risulta importante un confronto tra il punto di vista degli intervistati e quello degli intervistatori in merito alle possibili violazioni o meno dei diritti culturali nelle sedi in cui essi lavorano.

In più occasioni, durante il colloquio con gli operatori incaricati di porre le domande, gli intervistati hanno dichiarato che, a loro avviso, non risultano esserci violazioni significative dal punto di vista della tutela dei diritti fondamentali.

Dal loro punto di vista, l'istituzione in cui lavorano sta rispondendo in modo soddisfacente alle richieste e alle necessità dei cittadini in diaspora che si interfacciano con gli sportelli in cui prestano servizio; a dimostrazione di ciò, gli intervistati evidenziano gli sviluppi apportati alla formazione degli sportellisti e all'introduzione di strumenti multilingue a disposizione degli utenti stranieri.

In alcuni casi gli operatori intervistati hanno espresso, a titolo personale, il desiderio di una maggiore collaborazione con le comunità culturali presenti sul territorio, al fine di creare una sinergia che possa beneficiare cittadini stranieri e istituzioni.

Durante i colloqui sono emerse proposte in merito a possibili incontri con enti gestori dell'accoglienza migranti sul territorio cittadino,

Tale incontro tra istituzioni e enti gestori dell'accoglienza potrebbe rivelarsi positivo e costruttivo, per porre l'accento su alcune delle problematiche che in diversi casi il cittadino straniero si trova ad affrontare.

In molti casi l'ausilio di figure di mediazione che spesso mancano negli uffici pubblici agevola e sostiene il cittadino straniero che si relazione con i pubblici uffici.

Inoltre, la presenza di servizi terzi che si occupino di orientare e indirizzare verso uffici e sportelli pubblici le persone straniere che necessitano di informazioni e che non sempre dispongono degli strumenti utili per muoversi all'interno del panorama burocratico complesso e capillare potrebbe evitare o per lo meno ridurre incomprensioni e divergenze che ostacolano la fluidità della comunicazione e della relazione utente-operatore.

ALLEGATO N° 4

Elenco riepilogativo delle abilità che consentono a un individuo di partecipare in modo efficace e appropriato a una cultura di democrazia

Valori
Valorizzazione della dignità umana e dei diritti umani Questo valore si basa sulla convinzione generale che tutti gli esseri umani siano uguali in valore e dignità, che abbiano diritto a un uguale rispetto, che siano riconosciuti esattamente gli stessi diritti umani e libertà fondamentali e che debbano essere trattati di conseguenza.
Promozione della diversità culturale Questo valore si basa sulla convinzione generale che altri riferimenti culturali, variazioni e diversità culturali, nonché la pluralità di prospettive, punti di vista e pratiche debbano essere percepiti, apprezzati e valorizzati positivamente.
Promozione della democrazia, della giustizia, dell'equità, dell'uguaglianza e dello Stato di diritto. Questo insieme di valori si basa sulla convinzione generale che le società dovrebbero funzionare ed essere governate da processi democratici che rispettano i principi di giustizia, equità, uguaglianza e Stato di diritto.

Comportamenti

Apertura all'alterità e convinzioni culturali, visioni del mondo e pratiche diverse

L'apertura è un atteggiamento che un individuo può adottare nei confronti di persone che percepisce avere riferimenti culturali diversi dai suoi o nei confronti di credenze, visioni del mondo e pratiche diverse dalla sua. Implica una certa sensibilità verso l'altro e verso altre prospettive sul mondo, curiosità e disponibilità a scoprirle.

Rispetto

Il rispetto è guardare positivamente qualcuno o qualcosa e considerare quella persona o cosa sulla base del fatto che ha un'importanza, un valore o un'utilità intrinseca. Mostrare rispetto per altre persone percepite come aventi background culturali o credenze, opinioni o pratiche diverse dalle proprie è vitale per un vero dialogo interculturale e per la cultura della democrazia.

Spirito civico

Lo spirito civico è un atteggiamento verso una comunità a cui appartiene una persona, che è più grande del suo stretto entourage (famiglia, amici). Implica un senso di appartenenza a questa comunità, una consapevolezza delle altre persone in questa comunità e degli effetti delle proprie azioni su queste persone, solidarietà con gli altri membri della comunità e senso del dovere civico per la comunità.

Responsabilità

La responsabilità rimanda un individuo alle proprie azioni. Si tratta di riflettere su questi, cercare di agire in modo moralmente appropriato, compiere questi atti consapevolmente e ritenersi personalmente responsabili dei loro risultati.

Senso di autoefficacia

La sensazione di autoefficacia restituisce un individuo a se stesso. Implica credere nella propria capacità di svolgere le azioni necessarie per raggiungere obiettivi specifici e avere fiducia nella propria capacità di comprendere le domande che sorgono, di selezionare i metodi appropriati per svolgere i compiti, di superare le difficoltà. Ostacoli e cambiare il corso del mondo.

Tolleranza all'ambiguità

La tolleranza dell'ambiguità si riferisce all'atteggiamento adottato in situazioni che sono incerte e possono essere soggette a molteplici interpretazioni. Implica la valutazione positiva di questi tipi di situazioni e il loro approccio costruttivo.

Attitudini

Apprendimento in autonomia

Le capacità di apprendimento autonomo sono necessarie per svolgere, organizzare e valutare il proprio apprendimento, in accordo con le proprie esigenze personali, in modo auto-diretto (senza essere diretti da altri).

Capacità di pensiero analitico e critico

Le capacità di pensiero analitico e critico sono le abilità necessarie per analizzare, valutare e ordinare tutti i tipi di materiali e dati (testi, argomenti, interpretazioni, pubblicazioni, eventi, esperienze, ecc.) In modo sistematico e logico.

Ascolto e osservazione

Ascoltare e osservare sono le abilità richieste per percepire e comprendere non solo il contenuto di ciò che viene detto, ma anche il modo in cui viene espresso, e per percepire e comprendere il comportamento non verbale degli altri.

Empatia

L'empatia è l'insieme delle abilità necessarie per comprendere i pensieri, le convinzioni e i sentimenti delle altre persone, per identificarsi con loro e per vedere il mondo dalla loro prospettiva.

Flessibilità e adattabilità

Flessibilità e adattabilità sono le abilità necessarie per essere in grado di adattare e regolare i propri pensieri, sentimenti o comportamenti, in modo da poter rispondere in modo efficace e appropriato a nuovi contesti e situazioni.

Competenze linguistiche, comunicative e plurilingue

Le competenze linguistiche, comunicative e plurilingue sono necessarie per comunicare in modo efficace e adeguato con persone che parlano la stessa lingua o un'altra e per agire da mediatore tra parlanti di lingue diverse.

Cooperazione

Le capacità di cooperazione sono le abilità necessarie per partecipare pienamente ad attività, compiti e progetti comuni e per incoraggiare gli altri a cooperare in modo tale da poter raggiungere gli obiettivi del gruppo.

Risoluzione del conflitto

Queste sono le competenze necessarie per affrontare, gestire e risolvere i conflitti in modo pacifico aiutando i protagonisti a concordare soluzioni ottimali accettabili per tutti.

Conoscenza e comprensione critica

Conoscenza e comprensione autocritica

Si tratta di conoscere e comprendere criticamente i nostri pensieri, convinzioni, sentimenti e motivazioni, nonché i nostri riferimenti culturali e la nostra visione del mondo.

Conoscenza e comprensione critica del linguaggio e della comunicazione

Queste abilità comprendono la conoscenza e la comprensione critica delle convenzioni di comunicazione verbale e non verbale socialmente appropriate che si applicano nelle lingue parlate, gli effetti che i diversi stili di comunicazione possono avere sugli altri e il modo unico in cui ogni lingua si esprime culturalmente condivisa significati.

Conoscenza e comprensione critica del mondo

Ciò riguarda una vasta e complessa gamma di conoscenze e percezioni critiche in vari campi, tra cui politica e diritto, diritti umani, cultura e culture, religioni, storia, media, economia, ambiente e sviluppo sostenibile.

ALLEGATO N° 5

Les diasporas : une chance pour vivre les compétences interculturelles

Fiche de travail pour les ateliers des 16-17 octobre 2020

Compétences interculturelles

    1. Qu'est-ce qu'une compétence culturelle?

Les références culturelles sont des «savoirs»	Toutes les formes de savoirs (savoirs être, faire, communiquer, participer…, tout ce qui concourt au *savoir vivre*) accumulés, vécus et transmis. Les savoirs, au sens de saveurs, sont des connaissances profondes qui font vivre, parce qu'ils donnent accès à des capacités et à d'autres savoirs (les savoirs nécessaires pour parler, pour soigner, pour communiquer, vivre dans son environnement et pour en changer).
Les références sont portées par des ressources culturelles	Les ressources sont les porteuses de savoirs • des personnes à titre individuel, ou /et au sein de communautés culturelles, d'organisations, d'institutions, (ces ressources nous permettent de *savoir participer*) • des œuvres: éléments et écosystèmes naturels, œuvres produites, traditions, institutions…
Capacité culturelle	Capacité de *participer* à des références culturelles : accès, pratique, contribution. Le développement de cette capacité, ou «puissance culturelle» est vécu comme une libération, par rapport à l'ignorance et ses incapacités. • *Au niveau individuel ;* cette capacité est au cœur de la dignité humaine car elle est au principe de l'exercice de toutes les libertés et responsabilités fondamentales, y compris celle de revendiquer ces droits. • *Au niveau collectif,* on peut aussi identifier les

capacités culturelles qui conditionnent la légitimité et l'efficacité de l'organisation.

Une capacité culturelle, est une capacité, personnelle et partagée de jouissance dans l'admiration et de liberté de jugement, d'évaluation. Elle est libération par la reconnaissance du désir intérieur de savoir (d'aimer savoir et de savoir aimer), émancipation par l'expérience du lien fécond et nécessaire entre l'intime (le for interne) et l'extime (l'intime partagé grâce à la création et l'échange d'expressions. L'effectivité (la jouissance) de chaque liberté / droit culturel correspond à des capacités culturelles.

Compétence culturelle	Capacité *reconnue et éprouvée* de s'approprier des références culturelles en 1) accédant aux références et à leurs ressources, 2) en les pratiquant et 3) en y contribuant.

C'est un fonctionnement (*capabilities*) de plusieurs capacités qui se renforcent (*empowerment*) mutuellement, et qui est reconnu : par soi-même, par d'autres, par des institutions (*habilitation*).

Comme la capacité, la compétence se décline aussi bien au niveau collectif qu'individuel. La compétence consiste à étayer la capacité, par l'argumentation, l'établissement de la preuve, la démonstration, la réalisation et publication d'œuvres (exposées aux critiques).

Chaque responsabilité culturelle implique l'acquisition de compétences pour répondre aux libertés / droits culturels de soi-même et d'autrui.

2. Sa qualité

Ressources et références de qualité

Elles sont de qualité lorsqu'elles donnent accès à des moyens et à des espaces d'interprétation : cet espace est en *tension entre respect et critique.*

Les qualités d'une compétence culturelle

Une compétence implique une qualité reconnue et une efficacité dans le fonctionnement. Elle est culturelle et de qualité lorsqu'elle est compétence :

- dans la jouissance partagée de cet espace d'interprétation entre respect et critique;
- aux trois degrés de la participation : accès, pratique, contribution.

Dignité au regard des droits culturels

La dignité d'une personne se trouve dans ses capacités fondamentales de libertés et de responsabilités. Au regard des droits culturels, c'est le pouvoir dire, s'exprimer et partager, de toucher et d'être touché, le pouvoir de choisir et d'être choisi, d'admirer et d'interpréter.

Droits culturels

Les droits culturels désignent les droits et libertés pour une personne, seule ou en commun, de choisir et d'exprimer son identité et d'accéder aux références culturelles comme à autant de ressources qui sont nécessaires à son processus d'identification, de communication et de création.

Capital culturel

Parmi les différentes sortes ou espèces de capitaux, un capital culturel est un *ensemble de savoirs en interaction.* Comme tout capital, un capital culturel est une richesse et un facteur de développement.

Un capital culturel assure des capacités de choix et de connaissance qui conditionnent la valeur du développement des personnes (micro), des structures (meso), des peuples (macro).

Selon Bourdieu, il peut être à l'état incorporé (approprié par une personne), objectivé (déposé dans une œuvre) ou institutionnalisé (symbolisé ou garanti par des institutions). Dit autrement, un capital culturel est détenu par une personne, seule ou avec d'autres (une communauté culturelle), ou /et déposé dans des êtres fabriqués, ou non, ou /et déposé dans des institutions qui le garantissent (par exemple une constitution, une loi, un règlement, du droit coutumier).

3. Une compétence interculturelle

L'hospitalité mutuelle entre références, ou synergie

Comme les sens se répondent, les références culturelles, ainsi que leurs ressources et leurs disciplines se répondent et entrent en synergie. Comment éprouver la force d'un art, sans son rapport à d'autres arts, à des techniques, à une histoire ? Chaque savoir en appelle d'autres. Plus encore, chaque savoir appelle son vis-à-vis, chaque personne éblouie par un savoir (saveur) cherche d'autres personnes pour tester, critiquer et augmenter son savoir. Toute expérience culturelle est créatrice de générosité, principe premier de paix.

Cette tension interne et spécifique à chaque discipline vers les autres est une puissance trop méconnue qui est nécessaire pour découvrir la force des références culturelles lorsqu'elles sont travaillées, critiquées comme des savoirs vivants avec leurs propres diversités d'interprétation dans leurs pratiques et leurs disciplines.

Interculturalité

Il arrive cependant que l'interculturalité soit confondue avec la multiculturalité : un brassage des «cultures», plus exactement des références culturelles, permettant au mieux le respect mutuel et la tolérance.

Au regard des droits culturels, elle signifie beaucoup plus : *la synergie mutuelle* entre les ressources culturelles dans leurs diversités au sein d'expériences vécues. Par ressource culturelle, nous entendons tous les porteurs de capitaux culturels : les personnes, les œuvres, les institutions. Il y a une attraction mutuelle générale, tel est le principe d'une paix puissante qui n'hésite pas -bien au contraire- à affronter les différends, les conflits.

Compétence interculturelle

Est interculturelle une compétence qui vise et exploite les frontières entre les diverses références. Dans les frontières apparaissent à la fois les spécificités de chaque savoir et leurs contrastes. Comme pour le regard, une compétence interculturelle saisit le réel «en relief», avec au moins deux disciplines, deux personnes, deux pratiques.

L'interculturalité est la condition de l'enrichissement et donc de la paix. La richesse comme la paix sont la valorisation des ressources, à commencer par les personnes, dans leurs diverses diversités.

Compétences interculturelles au regard des droits culturels

Si chaque droit de l'homme indique un chemin de réalisation, les droits culturels indiquent les liens entre les personnes, seules ou en commun et les ressources. L'approche transversale de la culture et la déclinaison en huit droits culturels balise un système d'interdépendance entre les personnes, leurs, libertés, droits et responsabilités et les ressources.

Au regard des dimensions culturelles des autres droits humains

Les droits culturels permettent aussi de clarifier les contenus culturels des autres droits humains, comme le droit aux soins, à un environnement sain, à l'alimentation, mais aussi à la justice, et tous les autres. Il ne s'agit pas seulement d'une adaptation de normes universelles aux contextes culturels divers, mais de la substance de chaque droit : la conception de la santé, de l'alimentation, de la justice, de la famille,… est d'abord une question de liberté, de compétence culturelle. Pour identifier l'importance de cette compétence au cœur même (au début) de la réalisation de chaque droit, la comparaison n'est-elle pas nécessaire ?

Les diasporas au croisement de toutes les interculturalités

Les diasporas sont les lieux / communautés privilégiés de tous ces croisements. Étant donné que chaque croisement est risqué, car il affronte tous les conservatismes sociaux et leurs cloisonnements, les diasporas, en un sens large, sont des lieux de témoignage et de créativité nécessaires.

Cette fiche complète les lexiques liés à nos travaux précédents :

- Lexique de l'Approche basée sur les droits de l'homme : P. Meyer-Bisch, S. Gandolfi, G. Balliu (éds.), Genève, Globethics.net, en ligne*: Souveraineté et coopérations: Guide pour fonder toute gouvernance démocratique sur l'interdépendance des droits de l'homme (2016)*

- *Les mots de l'intermédiation culturelle au regard des droits culturels,* in Diaspore e democrazie. *Le diaspore sono portatrici di valori,*
  S. Gandolfi (a cura di), Ginevra, Globethics.net, pp. 155-168. https://www.globethics.net/documents/4289936/19073413/GE_CoP ub_Gandolfi_final_isbn978889312665.pdf/

ALLEGATO N° 6

I DIRITTI CULTURALI

Dichiarazione di Friburgo

	Considerandi	Giustificazioni
1 *2*	*principi fondamentali* *definizioni*	Principi e definizioni
3 *4* *5* *6* *7* *8*	*identità e patrimonio culturali* *riferimento alle comunità culturali* *accesso e partecipazione alla vita culturale* *educazione e formazione* *informazione e comunicazione* *cooperazione culturale*	Diritti culturali
9 *10* *11* *12*	*principi di gestione* *inserimento nell'economia* *responsabilità degli attori pubblici* *responsabilità delle Organizzazioni internazionali*	Realizzazione

Dichiarazione di Friburgo

(1) Ricordando la Dichiarazione universale dei diritti dell'uomo, i due Patti internazionali delle Nazioni Unite, la Dichiarazione universale dell'UNESCO sulla diversità culturale e gli altri strumenti universali e regionali pertinenti;

(2) Riaffermando che i diritti dell'uomo sono universali, indivisibili ed interdipendenti, e che i diritti culturali sono al pari degli altri diritti dell'uomo un'espressione e un'esigenza della dignità umana;

(3) Convinti che le violazioni dei diritti culturali provochino tensioni e conflitti di identità, che siano alcune delle cause principali della violenza, delle guerre e del terrorismo;

(4) Convinti, ugualmente, che la diversità culturale non possa essere veramente tutelata senza una realizzazione effettiva dei diritti culturali;

(5) Considerando la necessità di tener conto della dimensione culturale dell'insieme dei diritti dell'uomo attualmente riconosciuti;

(6 Ritenendo che il rispetto della diversità e dei diritti culturali sia un fattore determinante per la legittimità e la coerenza dello sviluppo durevole fondato sull'indivisibilità dei diritti dell'uomo;

(7) Constatando che i diritti culturali sono stati rivendicati principalmente nel contesto dei diritti delle minoranze e dei popoli indigeni e che è essenziale garantirli a livello universale e in particolare per le persone più disagiate;

(8) Considerando che un chiarimento del posto che occupano i diritti culturali in seno al sistema dei diritti dell'uomo, nonché una miglior comprensione della loro natura e delle conseguenze delle loro violazioni, sono il miglior modo di impedire che siano utilizzati in favore di un relativismo culturale, o come pretesto per istigare le comunità, o i popoli, gli uni contro gli altri;

(9) Ritenendo che i diritti culturali enunciati nella presente Dichiarazione siano attualmente riconosciuti, seppur disseminati, in un gran numero di strumenti relativi ai diritti umani, e che sia importante riunirli per garantirne la visibilità e la coerenza e favorirne l'effettività; presentiamo questa Dichiarazione dei diritti culturali agli attori dei tre settori, pubblico (gli Stati e le loro istituzioni), civile (le Organizzazioni non governative ed altre associazioni e istituzioni a scopo non lucrativo) e privato (le imprese), per favorire il loro riconoscimento e la loro realizzazione a livello locale, nazionale, regionale ed universale.

Articolo 1 *(principi fondamentali)*

I diritti enunciati nella presente Dichiarazione sono essenziali alla dignità umana; per questa ragione fanno parte integrante dei diritti dell'uomo e devono essere interpretati secondo i principi di universalità, di indivisibilità e di interdependenza. Di conseguenza:

a. questi diritti sono garantiti senza discriminazione alcuna, in particolare per ragioni di colore, sesso, età, lingua, religione, convinzione, discendenza, origine nazionale o etnica, origine o condizione sociale, nascita o qualsiasi altra situazione a partire dalla quale è composta l'identità culturale della persona;

b. nessuno deve soffrire o essere discriminato in alcun modo per il fatto che eserciti, o non eserciti, i diritti enunciati nella presente Dichiarazione;

c. nessuno può appellarsi a questi diritti per violare un altro diritto riconosciuto nella Dichiarazione universale o negli altri strumenti relativi ai diritti dell'uomo;

d. l'esercizio di questi diritti può subire le sole limitazioni previste negli strumenti internazionali relativi ai diritti dell'uomo; non ci si può appellare a nessuna disposizione della presente Dichiarazione per violare i diritti più favorevoli concessi in virtù della pratica di uno Stato o del diritto internazionale;

e. la realizzazione effettiva di un diritto dell'uomo implica la considerazione del suo adeguamento culturale, nell'ambito dei principi fondamentali sopra enumerati.

Articolo 2 *(definizioni)*

Ai fini della presente Dichiarazione,

a. il termine «cultura» copre i valori, le credenze, le convinzioni, le lingue, i saperi e le arti, le tradizioni, istituzioni e modi di vita tramite i quali una persona o un gruppo esprime la propria umanità e i significati che dà alla propria esistenza e al proprio sviluppo;

b. l'espressione «identità culturale» è intesa come l'insieme dei riferimenti culturali con il quale una persona, da sola o in comune con gli altri, si definisce, si costituisce, comunica e intende essere riconosciuta nella sua dignità;

c. per «comunità culturale» si intende un gruppo di persone che condividono dei riferimenti costitutivi di un'identità culturale comune che intendono preservare e sviluppare.

Articolo 3 *(identità e patrimonio culturali)*
Ogni persona, da sola o in comune con gli altri, ha diritto:

a. di scegliere e di vedere rispettata la propria identità culturale nella diversità dei suoi modi di espressione; questo diritto si esercita in particolare in relazione con la libertà di pensiero, di coscienza, di religione, di opinione e di espressione;

b. di conoscere e di vedere rispettata la propria cultura nonché le culture che, nelle loro diversità costituiscono il patrimonio comune dell'umanità; ciò implica in particolare il diritto alla conoscenza dei diritti dell'uomo e delle libertà fondamentali, valori essenziali di questo patrimonio;

c. di accedere, in particolar modo attraverso l'esercizio dei diritti all'educazione e all'informazione, ai patrimoni culturali che costituiscono le espressioni delle diverse culture e delle risorse per le generazioni future.

Articolo 4 *(riferimento alle comunità culturali)*

a. Ogni persona ha la libertà di scegliere di identificarsi o no a una o più comunità culturali, senza considerazione di frontiere, e di modificare questa sua scelta;

b. nessuno può vedersi imporre di essere identificato o assimilato suo malgrado ad una comunità culturale.

Articulo 5 *(accesso e partecipazione alla vita cultuale)*

a. Ogni persona, da sola o in comune con gli altri, ha il diritto di accedere e di partecipare liberamente, senza considerazione di frontiere, alla vita culturale attraverso le attività di sua scelta.

b. Questo diritto comprende in particolare:

• la libertà di esprimersi, pubblicamente o in privato, nella o nelle lingue di sua scelta;

• la libertà di esercitare, in conformità ai diritti riconosciuti nella presente Dichiarazione, le proprie pratiche culturali e di condurre un modo di vita associato alla valorizzazione delle proprie risorse culturali, in particolare nell'ambito dell'utilizzazione, della produzione e della diffusione dei beni e dei servizi;

• la libertà di sviluppare e di condividere conoscenze, espressioni culturali, di condurre ricerche e di partecipare alle diverse forme di creazione, nonchè ai suoi benefici;

• il diritto alla tutela degli interessi morali e materiali legati alle opere che siano frutto della sua attività culturale

Articolo 6 *(educazione e formazione)*

Nell'ambito generale del diritto all'educazione, ogni persona, sola o in comune con gli altri, ha diritto, durante la propria esistenza, ad un'educazione e ad una formazione che, rispondendo ai suoi bisogni educativi fondamentali, contribuiscano al libero e pieno sviluppo della sua identità culturale nel rispetto dei diritti altrui e della diversità culturale; questo diritto comprende in particolare:

a. la conoscenza e l'apprendimento dei diritti dell'uomo;

b. la libertà di dare e ricevere un insegnamento della e nella propia lingua e di altre lingue, parimenti di un sapere relativo alla sua cultura e alle altre culture;

c. la libertà dei genitori di far garantire l'educazione morale e religiosa dei loro figli in conformità alle proprie convinzioni en el rispetto della libertà di pensiero, coscienza e religione riconosciuta al bambino secondo le sue capacità;

d. la libertà di creare, di dirigere e di accedere ad istituzioni educative diverse da quelle dei poteri pubblici, a condizione che le norme ed i principi internazionali riconosciuti in materia di educazione siano rispettati e che queste istituzioni siano conformi alle regole minime prescritte dallo Stato.

Articolo 7 *(comunicazione e informazione)*
Nell'ambito generale del diritto alla libertà di espressione, ivi compresa quella artistica, delle libertà di opinione e di informazione, e del rispetto della diversità culturale, ogni persona, da sola o in comune con gli altri, ha diritto ad un'informazione libera e pluralistica che contribuisca al pieno sviluppo della sua identità culturale; questo diritto, che si esercita senza considerazione di frontiere, comprende in particolare:

a. la libertà di ricercare, ricevere e trasmettere informazioni;

b. il diritto di partecipare ad un'informazione pluralistica, nella o nella lingue di propria scelta, di contribuire alla sua produzione o alla sua diffusione attraverso tutte le tecnologie dell'informazione e della comunicazione;

c. il diritto di rispondere alle informazioni erronee sulle culture, nel rispetto dei diritti enunciati nella presente Dichiarazione.

Articolo 8 *(cooperazione culturale)*

Ogni persona, da sola o in comune con gli altri, ha diritto di partecipare tramite procedimenti democratici:

- allo sviluppo culturale delle comunità alle quali appartiene;
- all'elaborazione, all'applicazione e alla valutazione delle decisioni che la concernono e che hanno un impatto sull'esercizio dei propri diritti culturali;
- allo sviluppo della cooperazione culturale nei suoi diversi livelli.

Articolo 9 *(principi di gestione democratica)*

Il rispetto, la tutela e l'applicazione dei diritti enunciati nella presente Dichiarazione implicano degli obblighi per ogni persona eogni collettività ; gli attori culturali dei tre settori, pubblico, privato o civile, hanno, in particolare, la responsabilità, nell'ambito di una gestione democratica, di interagire e all'occorrenza di prendere iniziative per:

a. vegliare affinchè si rispettino i diritti culturali e sviluppare delle modalità di consultazione e di partecipazione per assicurarne la realizzazione, in particolare per le persone disagiate data la loro condizione sociale o la loro appartenenza a una minoranza;

b. assicurare in particolare l'esercizio interattivo del diritto a un'informazione adeguata, affinchè i diritti culturali possano essere presi in considerazione da tutti gli attori nella vita sociale, economica e politica;

c. formare il loro personale e sensibilizzare il loro pubblico alla comprensione e al rispetto dell'insieme dei diritti dell'uomo e, in particolare, dei diritti culturali;

d. identificare e tener conto della dimensione culturale di tutti i diritti dell'uomo, al fine di arricchire l'universalità con la diversità e favorire l'appropriazione di questi diritti da parte di ogni persona, da sola o in comune con gli altri.

Articolo 10 *(inserimento nell'economia)*

Gli attori pubblici, privati e civili devono, nell'ambito delle loro competenze e responsabilità specifiche:

a. vegliare, affinchè i beni e i servizi culturali, veicolo di valore, d'identità e di senso, così come tutti gli altri beni nella misura in cui hanno un'influenza significativa sui modi di vita ed altre espressioni culturali, siano concepiti, prodotti e utilizzati in modo da non minacciare i diritti enunciati nella presente Dichiarazione;

b. considerare che la compatibilità culturale dei beni e dei servizi è spesso determinante per le persone in condizioni disagiate a causa della loro povertà, del loro isolamento o della loro appartenenza ad un gruppo discriminato.

Articolo 11 *(responsabilità degli attori pubblici)*

Gli Stati e i diversi attori pubblici devono, nell'ambito delle loro competenze e responsabilità specifiche:

a. integrare i diritti riconosciuti nella presente Dichiarazione nelle loro legislazioni e nelle loro pratiche nazionali;

b. rispettare, tutelare e realizzare i diritti enunciati nella presente Dichiarazione in condizioni di uguaglianza, e dedicare al massimo le loro risorse disponibili per assicurarne il pieno esercizio;

c.   garantire a ogni persona che invochi, da sola o in in comune con gli altri, la violazione di diritti culturali, l'accesso a dei ricorsi effettivi, e in particolar modo giuridizionali;

d.   rafforzare i mezzi a disposizione della cooperazione internazionale necessari alla sua applicazione e, in particolare, intensificare la loro interazione nell'ambito delle organizzazioni internazionali competenti.

Articolo 12 *(responsabilità delle Organizzazioni internazionali)*

Le Organizzazioni internazionali devono, nell'ambito delle loro competenze e responsabilità specifiche:

a.   garantire, nell'insieme delle loro attività, la considerazione sistematica dei diritti culturali e della diversità culturale degli altri diritti dell'uomo;

b.   badare al loro inserimento coerente e progressivo in tutti gli strumenti pertinenti e nei loro meccanismi di controllo;

c.   contribuire allo sviluppo dei meccanismi comuni di valutazione e di controlli trasparenti ed effettivi.

Adottata a Friburgo, il 7 maggio 2007.

Il gruppo di lavoro, detto «Gruppo di Friburgo», responsabile della redazione è composto alla data di oggi da:

Taïeb Baccouche, Istituto arabo dei diritti dell'uomo e Università di Tunisi; Mylène Bidault, Università di Parigi X e di Ginevra; Marco Borghi, Università di Friburgo; Claude Dalbera, consultente, Ouagadougou, Emmanuel Decaux, Università di Parigi II; Mireille Delmas-Marty, Collegio di Francia, Parigi; Yvonne Donders, Università di Amsterdam; Alfred Fernandez, OIDEL, Ginevra; Pierre Imbert, ex direttore ai diritti dell'uomo del Consiglio d'Europa, Strasburgo; Jean-Bernard Marie, CNRS, Università Université R. Schuman, Strasburgo; Patrice Meyer-Bisch, Università di Friburgo; Abdoulaye Sow, Università di Nouakchott; Victor Topanou, Cattedra UNESCO, Università di Abomey Calavi, Cotonou.

Tuttavia molti altri osservatori e analisti hanno contribuito all'elaborazione del testo

La lista delle persone e istituzioni che patrocinano finora questa Dichiarazione è accessibile sul sito dell'Osservatorio della diversità e dei diritti culturali

http://www.unifr.ch/iiedh/fr/recherches/cultural

La Dichiarazione è rivolta a tutte e a tutti coloro che, in forma personale o istituzionale, vogliano aderirvi.

Potete inviare una lettera o un messaggio elettronico di adesione, con i Vs. dati personali, e precisando se l'adesione è a titolo personale o istituzionale, a:

Institut interdisciplinaire d'éthique et des droits de l'homme,
Av. Beauregard 13, CH 1700 FRIBOURG iiedh@unifr.ch

Altre informazioni, commenti, Documenti di Sintesi, documenti di lavoro e programmi di ricerca sono disponibili sul sito dell'Osservatorio.

Perchè una dichiarazione di diritti culturali?

Nel momento in cui gli strumenti normativi relativi ai diritti dell'uomo si sono moltiplicati senza una vera coerenza tra loro, può sembrare inopportuno proporre un nuovo testo. Però, di fronte alla persistenza delle violazioni, al fatto che le attuali e potenziali guerre trovano in gran parte i loro germi nelle violazioni dei diritti culturali, che numerose strategie di sviluppo si sono rivelate inadeguate per l'ignoranza di questi stessi diritti, constatiamo che l'universalità e l'indivisibilità dei diritti dell'uomo risentono sempre dell'emarginazione dei diritti culturali.

Per evitare il relativismo, lo sviluppo recente della protezione della diversità culturale non può essere compreso senza un ancoraggio nell'insieme indivisibile e interdipendente dei diritti dell'uomo, e, piu specificamente, senza un chiarimento dell'importanza dei diritti culturali.[93]

La presente Dichiarazione raccoglie ed esplicita i diritti che sono già riconosciuti, seppur disseminati, in numerosi strumenti. Un chiarimento è necessario per dimostrare l'importanza cruciale di questi diritti culturali nonché delle dimensioni culturali degli altri diritti dell'uomo.

Il testo proposto è una nuova versione, profundamente rimaneggiata, di un progetto redatto per l'UNESCO dal grupo internazionale di lavoro, che a poco a poco ha cominciato ad essere chiamato «gruppo di Friburgo», poiché è stato organizzato dall'Istituto interdisciplinario di etica e dei diritti dell'uomo dell'Università di Friburgo, in Svizzera. Questa Dichiarazione, frutto di un lungo dibattito con attori di origini e di condizioni molto diverse, è affidata alle persone, comunità, istituzioni

---

[93] P. Meyer-Bisch (éd.), *Les droits culturels. Projet de déclaration.*, 1998, Paris / Fribourg, Unesco / Editions universitaires.

e organizzazioni che intendono partecipare allo sviluppo dei diritti, delle libertà e delle responsabilità enunciati nella stessa.

BIBLIOGRAFIA

1. Akkari, A., Gandolfi, S., *Diritti dell'uomo e cooperazione internazionale : una scommessa educativa*, Globethics.net, Ginevra, 2020.

2. Anastasi, A, «Pratiche deliberativa e questioni di convivenza in contesti sociali multietnici: alcune riflessioni da una ricerca», in *Quaderni di Intercultura*, 2, 2010.

3. Bersani, B. «La dimensione umana del patrimonio culturale nel diritto internazionale: identità e diritti culturali», in *La comunità internazionale: rivista trimestrale della Società italiana per l'organizzazione internazionale*, n. 1/2015.

4. Boudieu, P. *Il dominio maschile*, Feltrinelli, Milano, 1998.

5. Camilleri, C., G. Vinsonneau, Psychoòlogie *et culture: concepts et méthodes*, Colin, Paris, 1996.

6. Carchedi, F., *Le associazioni degli immigrati*, in E. Pugliese, *Rapporto immigrazione. Lavoro, sindacati, società*, Ediesse, Roma 2000.

7. Colombo, E., G. Semi, *Multiculturalismo quotidiano. Le pratiche della differenza*, Franco Angeli, Milano 2007.

8. Colombo, M., F. Scardigno, *La formazione dei rifugiati e dei minori stranieri non accompagnati. Una realtà necessaria*, Vita e Pensiero, Milano 2019.

9. Conseil de l'Europe, *Compétences pour une culture de la démocratie. Vivre ensemble sur un pied d'égalité dans des*

sociétés démocratiques et culturellement diverses, Strasbourg, 2016.

10. Consiglio d'Europa, *Libro bianco sul dialogo interculturale «Vivere insieme in pari dignità»,* Strasbourg Cedex, 2008.

11. Favaro, G., *Parole, lingue e alfabeti nella classe multiculturale,* in «Italiano LinguaDue», 1, 2012.

12. Gandolfi, S., Rizzi F., *Diritti dell'uomo e cooperazione internazionale. L'etica della reciprocità,* Sestante, Bergamo, 2013.

13. Gandolfi, S. (a cura di), *Diaspore e democrazie. Le diaspore sono portatrici di valori,* Globethics,net Ginevra 2018.

14. Gandolfi S., (a cura di), *Diritti dell'uomo e società democratica,* Globethics,net Ginevra, 2019.

15. Goffman, E., *Il rituale dell'interazione,* Il Mulino, Bologna, 1988.

16. Levinas, E., *Totalità e infinito: saggio sull'esteriorità,* Jaka, Milano 1986.

17. Malagutti, E., Educarsi alla resilienza come affrontare crisi e difficoltà e migliorarsi, Erikson, Trento, 2005.

18. Mantovani, S. (a cura di), *La ricerca sul campo in educazione. I metodi qualitativi,* Bruno Mondadori, Milano, 1995.

19. Memmi, A., *Ritratto del colonizzato e del colonizzatore,* Liguori, Napoli 1979.

20. Meyer-Bisch, P., Bidault M., *Déclarer les droits culturels,* Bruylant- Schulthess, Berne (CH), 2010.

21. Meyer-Bisch, P., *Diasporas interculturelles et démocraties.* Fiche de travail pour les ateliers des 14-15 juin 2019.

22. Meyer-Bisch, P., *Les diasporas: une chance pour vivre les compétences interculturelles,* Fiche de travail pour les ateliers des 16-17 octobre 2020.

23. Meyer-Bisch, P., « Les ressources culturelles, le bien commun et les futurs du droit l'éducation », in *LABO Idées de l'UNESCO - Les futurs de l'éducation,* 15 février 2021.

24. Meyer-Bisch, P., S. Gandolfi, G. Balliu (a cura di), *Sovranità e cooperazioni. Guida per fondare ogni governance democratica sull'interdipendenza dei diritti dell'uomo,* Globethics.net. Ginevra 2016.

25. Milana, M., Everyday problem solving e apprendimento in età adulta definire, rilevare e promuovere lo sviluppo delle competenze per la vita, Nuova Cultura, Roma, 2010.

26. Monsutti, A., *Homo itinérants: la planète des Afghans,* PUF, Parigi, 2018.

27. Monsutti, A., *Mobility as a political act,ò Ethnic and racial studies,* Symposium: Thomas Faist's *The moral polity of forced migration,* 2018.

28. Monsutti, A., Verbale incontro del gruppo di ricerca del 20/07/2019, Bergamo, 2019.

29. Perotti, A., *Plaidoyer pour l'interculturel, Conseil de l'Europe,* Strasboug, 1994.

30. Pettigrew, T. F., *"Prejudice"*, in S. Thermostrom, A. Orlov, O. Handlin, *The Harvard Encyclopedia of American Ethic Group,* The Belknap Press, Cambridge 1980.

31. Ronzon, F., *Sul campo. Breve guida pratica alla ricerca etnografica*, Moltemi, Roma, 2008.

32. Sclavi, M., *Arte di ascoltare e mondi possibili. Come si esce dalle cornici di cui siamo parte,* Mondadori, Milano, 2003.

33. Serina, C., *L'universo riflesso. Viaggio nell'occhio virtuale dell'osservatore*, Franco Angeli Editore, Milano, 1998.

34. UNESCO, *Convenzione sulla protezione e la promozione della diversità delle espressioni culturali*, Parigi 2005.

35. UNESCO, *Dichiarazione Universale sulla Diversità Culturale*, Parigi 2001.

36. UNESCO, *Investire nella diversità culturale e nel dialogo interculturale*, Parigi 2009.

37. Weber, M., *Economia e società*, Donzelli, Roma, 2002.

AUTORI

Bendotti Alice, Cooperativa Impresa sociale Ruah

Borboni Elisa, Il pugno aperto Soc. Coop. Sociale

Cabrini Daniel, Fondazione Vittorino Chizzolini

Cicirata Laura, Il pugno aperto Soc. Coop. Sociale

Gandolfi S. Fondazione Vittorino Chizzolini

Monsutti A., IHEID (Graduate Institute of International and
Development Studies) Ginevra

Ndiaye Omar, Cooperativa Impresa sociale Ruah

Raccagni Dalila, PhD Università Cattolica del S. Cuore, Brescia

Sarzilla Elena, Ufficio per la pastorale dei Migranti, Diocesi di Bergamo

Visini Chiara, Cooperativa impresa sociale Ruah

Hanno collaborato :

Goisis Bruno, Jemenez Carmen, Meridda Daniela, Colombi Daniele,
Rota Erica, Mora Federica, Visinoni Giulia, Nordli Ingalill, Dia Lamine,
Lazzaroni Sara

Globethics.net Publications

The list below is only a selection of our publications. To view the full collection, please visit our website.

All free products are provided free of charge and can be downloaded in PDF form from the Globethics.net library and at www.globethics.net/publications. Bulk print copies can be ordered from *publictions@globethics.net* at special rates from the Global South.
Paid products not provided free of charge are indicated*.
The Editor of the different Series of Globethics.net Publications Prof. Dr. Obiora Ike, Executive Director of Globethics.net in Geneva and Professor of Ethics at the Godfrey Okoye University Enugu/Nigeria.

Contact for manuscripts and suggestions: *publications@globethics.net*

Global Series

Dietrich Werner / Elisabeth Jeglitzka (eds.), *Eco-Theology, Climate Justice and Food Security: Theological Education and Christian Leadership Development*, 316pp. 2016, ISBN 978–2–88931–145–3

Obiora Ike, Andrea Grieder and Ignace Haaz (Eds.), *Poetry and Ethics: Inventing Possibilities in Which We Are Moved to Action and How We Live Together*, 271pp. 2018, ISBN 978–2–88931–242–9

Christoph Stückelberger / Pavan Duggal (Eds.), *Cyber Ethics 4.0: Serving Humanity with Values*, 503pp. 2018, ISBN 978–2–88931–264-1

Texts Series

Principles on Sharing Values across Cultures and Religions, 2012, 20pp. Available in English, French, Spanish, German and Chinese. Other languages in preparation. ISBN: 978–2–940428–09–0

Ethics in the Information Society: The Nine 'P's. A Discussion Paper for the WSIS+10 Process 2013–2015, 2013, 32pp. ISBN: 978–2–940428–063–2

Principles on Equality and Inequality for a Sustainable Economy. Endorsed by the Global Ethics Forum 2014 with Results from Ben Africa Conference 2014, 2015, 41pp. ISBN: 978–2–88931–025–8

Water Ethics: Principles and Guidelines, 2019, 41pp. ISBN 978–2–88931-313-6. Available in English, French and Spanish.

Education Ethics Series

Divya Singh / Christoph Stückelberger (Eds.), *Ethics in Higher Education Values-driven Leaders for the Future*, 2017, 367pp. ISBN: 978–2–88931–165–1

Obiora Ike / Chidiebere Onyia (Eds.) *Ethics in Higher Education, Foundation for Sustainable Development*, 2018, 645pp. IBSN: 978-2-88931-217-7

Obiora Ike / Chidiebere Onyia (Eds.) *Ethics in Higher Education, Religions and Traditions in Nigeria* 2018, 198pp. IBSN: 978-2-88931-219-1

Obiora F. Ike, Justus Mbae, Chidiebere Onyia (Eds.), *Mainstreaming Ethics in Higher Education: Research Ethics in Administration, Finance, Education, Environment and Law Vol. 1*, 2019, 779pp. ISBN 978-2-88931-300-6

Ikechukwu J. Ani/Obiora F. Ike (Eds.), *Higher Education in Crisis Sustaining Quality Assurance and Innovation in Research through Applied Ethics*, 2019, 214pp. ISBN 978-2-88931-323-5

Education Praxis Series*

Tobe Nnamani / Christoph Stückelberger, *Resolving Ethical Dilemmas in Profes-sional and Private Life. 50 Cases from Africa for Teaching and Training*, 2019, 235pp. ISBN 978-2-88931-315-0

Paideia Series

Stefania Gandolfi, *Diritti dell'uomo e società democratica*, 2019, 146pp. ISBN 978-2-88931-319-8

Stefania Gandolfi, *Diritti dell'uomo e cooperazione internazionale : una scomessa educativa*, 2020, 260pp. ISBN 978-2-88931-378-5

Stefania Gandolfi / Alessandro Monsutti (a cura di), *Migrazioni e educazione. La circolazione delle competenze: una sfida per lo sviluppo*, 2021, 176pp. ISBN 978-2-88931-426-3

Copublications & Other

Patrice Meyer-Bisch, Stefania Gandolfi, Greta Balliu (eds.), *Souveraineté et coopérations : Guide pour fonder toute gouvernance démocratique sur l'interdépendance des droits de l'homme*, 2016, 99pp. ISBN 978–2–88931–119–4

Patrice Meyer-Bisch, Stefania Gandolfi, Greta Balliu (a cura di), *Sovranità e cooperazioni: Guida per fondare ogni governance democratica sull' interdipendenza dei diritti dell'uomo*, 2016, 100pp. ISBN : 978–2–88931–132–3

Patrice Meyer-Bisch, Stefania Gandolfi, Greta Balliu (éds.), *L'interdépendance des droits de l'homme au principe de toute gouvernance démocratique. Commentaire de Souveraineté et coopération*, 2019, 324pp. ISBN 978-2-88931-310-5

Kenneth R. Ross, *Mission Rediscovered: Transforming Disciples*, 2020, 138pp. ISBN 978-2-88931-369-3

Obiora Ike, Amélé Adamavi-Aho Ekué, Anja Andriamay, Lucy Howe López (Eds.), *Who Cares About Ethics?* 2020, 352pp. ISBN 978-2-88931-381-5

Obiora Ike, *Faith and Action Rooted in Christ Reflections on Spirituality, Justice, and Ethical Living*, 2021, 389pp, ISBN 978-2-88931-415-7

Fanny Iona Morel, *Whispers from the Land of Snows. Culture-based Violence in Tibet*, 2021, 222pp. ISBN 978-2-88931-418-8

M. Bougma, C. Dalbera, S. Gandolfi, P. Meyer-Bisch, G. Ouedraogo (eds.), *Participer à une société qui apprend. Manuel méthodologique pour observer les réalisations du droit à l'éducation en tant que droit culturel*, 2021, pp.98, ISBN 978-2-88931-430-0

This is only selection of our latest publications, to view our full collection please visit:

www.globethics.net/publications